中等职业教育汽车类专业系列教材

汽车简单维修服务保养

总主编　廖碧森

副总主编　范毅敏　谭兴华

主　编　刘明辉

副主编　廖亿方　方　令

参　编　胡　飞　刘　铁　李　靖　刘　鑫　周　鑫

重庆大学出版社

图书在版编目（CIP）数据

汽车简单维修服务保养 / 刘明辉主编. -- 重庆：重庆大学出版社，2019.9
中等职业教育汽车类专业系列教材
ISBN 978-7-5689-1610-3

Ⅰ.①汽… Ⅱ.①刘… Ⅲ.①汽车—车辆修理—中等专业学校—教材②汽车—车辆保养—中等专业学校—教材 Ⅳ.①U472

中国版本图书馆CIP数据核字（2019）第110426号

汽车简单维修服务保养
QICEH JIANDAN WEIXIU FUWU BAOYANG

主 编 刘明辉
副主编 廖亿方 方 令
策划编辑：陈一柳
责任编辑：陈 力 邹 忌 版式设计：陈一柳
责任校对：张红梅 责任印制：赵 晟

*

重庆大学出版社出版发行
出版人：饶帮华
社址：重庆市沙坪坝区大学城西路21号
邮编：401331
电话：（023）88617190 88617185（中小学）
传真：（023）88617186 88617166
网址：http://www.cqup.com.cn
邮箱：fxk@cqup.com.cn（营销中心）
全国新华书店经销
重庆市正前方彩色印刷有限公司印刷

*

开本：787mm × 1092mm 1/16 印张：7.5 字数：173千
2019年9月第1版 2019年9月第1次印刷
ISBN 978-7-5689-1610-3 定价：22.00元

编委会

前言

当今，汽车已走入平常百姓家并逐步成为人们日常生活和工作的重要组成部分。汽车在使用过程中，避免不了零件的耗损。汽车维护保养是汽车保持良好技术状况的基础，也是汽车实现高效、低耗、安全、低污染运行的基本技术保证，同时也是减少故障，延长汽车使用寿命的重要措施。定期对车辆进行维护保养，将对车辆时刻保持良好的技术状况有着至关重要的作用。

本书是根据教育部制订的《中等职业学校汽车运用与维修专业教学标准（试行）》并参照相关行业岗位标准编写的中等职业学校汽车运用与维修专业教学用书。

汽车简单维护与保养是汽车运用与维修专业的专业基础课程。全书共分4个项目18个任务，分别为汽车维护与保养基础知识、发动机的简单维护与保养、底盘的简单维护与保养、汽车电气设备的简单维护与保养。每个任务按照任务说明、任务目标、任务实施、任务检测和评价反思等几大模块进行。通过本书的学习和训练，使学生能够掌握车辆日常维护和安全检查的方法，会对发动机、电气、底盘的常见问题部件进行检查与更换，同时培养学生的逻辑思维和分析问题与解决问题的能力。

本书由刘明辉担任主编，廖亿方、方令担任副主编，参与编写的老师还有胡飞、刘轶、李靖、刘鑫、周鑫。在本书的编写过程中，参考了大量国内外相关著作、网络资源及文献资料，同时得到丰都县迅达汽车修理有限公司的大力支持，在此一并表示真诚的感谢！

由于编者的经历和水平有限，本书在教学实践中有待进一步改进和完善。希望能与同行交流，对于书中存在的疏漏或错误，敬请读者批评、指正。

编　者

2019年2月

目录

项目一　汽车维护与保养基础知识

项目描述

汽车保养是指定期对汽车相关部分进行检查、清洁、补给、润滑、调整或更换某些零件的预防性工作，又称汽车维护。

现代的汽车保养主要包括对发动机系统（引擎）、变速箱系统、空调系统、冷却系统、燃油系统、动力转向系统等的保养。

汽车保养的目的是保持车容整洁、保持正常技术状况、消除隐患、预防故障发生、减缓劣化过程、延长使用周期。

任务一　了解汽车售后服务基础理念

任务说明

汽车售后服务是一项最具体、最讲究细节的综合服务。近年来，随着消费者渐趋理性，谁能提供令消费者满意的服务，谁就能更多地占有市场份额。全力提升服务满意度、打造服务品牌正逐渐成为一些具有前瞻性的汽车品牌的共识，使汽车售后服务真正地发挥其独特的作用，推动汽车行业良好、健康的发展，也为汽车4S店或汽车维修企业的长期发展打下夯实的基础。本任务主要介绍汽车售后服务概念以及“7S”现场管理标准等。

任务目标

- 了解汽车售后服务的概念；
- 掌握“7S”现场管理法；
- 掌握汽车维护与保养的原则及相关法律法规。

任务实施

一、汽车售后服务

汽车售后服务是指汽车作为商品销售出去以后，由制造商、销售商、维修商、配件商等服务商为客户及其拥有的汽车提供的全过程、全方位服务。它包括汽车金融服务、汽车保险服务、汽车维修服务、汽车配件服务、汽车美容装饰服务、旧车交易服务，以及汽车租赁、汽车停车、汽车信息等服务。

汽车售后服务的直接服务对象是客户，间接服务对象是汽车。提供服务的主体是制造商、经销商、维修商、配件商等服务商，每一个主体都在自己的经营范围内提供相应的服务。汽车售后服务贯穿汽车的整个生命周期，在汽车售后的全过程中，有售后的前期服务，包括购车代理、汽车消费信贷、汽车保险代理；中期服务，包括汽车保修索赔、汽车维护与汽车检测、汽车配件供应、汽车美容装饰；后期服务，包括二手车交易和报废车回收。

与传统产成品相比，汽车售后服务有以下几个特点：

①无形性。相对于实体货物而言，服务很少是可触摸的，纯服务中很少或没有货物，主要或全部由不可触摸的要素组成。因此也使得每段时间服务的实际成本很难确定，价格关系也显得比较复杂。

②差异性。差异性是指服务的构成成分及质量水平经常变化，很难统一认定标准。由于服务是一种由人来执行的行为，会受人员自身因素的影响和制约，因此服务提供者的能力对服务质量的影响非常大。另外，消费者本身的素质及要求也会直接影响服务的质量和效果。

③复杂性。汽车售后服务的服务过程极其复杂，就拿汽车维修来说，有接车、诊断、估价、派工、维修、配件、检验、结算、出厂、跟踪等多个环节。汽车的车型种类繁多，每一次的故障也不一样。

④易消失性。易消失性是指服务具有不能被储存，不能重复出售，也不能退还的特点。提供服务的各种设备可以提前准备好，重复使用，但生产出来的服务如果不及时消费，就会消失。有形产品可以储存起来在需要的情况下再出售，客户对产品不满意甚至可以退换产品。而汽车售后服务同其他任何服务产品一样不能被储存、转售或退回。

⑤生产与消费的不可分离性。有形产品往往是先生产、再销售，最后消费。它们在时间上是有间隔的，从生产到消费要经过一系列的中间环节。而服务产品的生产和消费是同时进行的，不可分离。

二、汽车售后服务范畴

根据汽车在使用过程中服务的范围不同，汽车售后服务可分为狭义的汽车售后服务和广义的汽车售后服务两种。

• 狭义的汽车售后服务：从新车进入流通领域，直至其使用后回收报废的各个环节涉及的各类服务。它包括汽车营销服务（如销售、广告宣传、贷款与保险资讯等）以及整车出售及其后与汽车使用相关的服务（如维修保养、车内装饰、金融服务、车辆保险、“三包”索赔、二手车交易、废车回收、事故救援和汽车文化等）。

• 广义的汽车售后服务：可延伸至原材料供应、产品开发、设计、质量控制、产品外包装设计以及市场调研等汽车生产领域。

通常所说的汽车售后服务，一般是指汽车在售出之后维修和保养所使用的零配件及服务，包括汽车零配件销售、汽车修理服务和汽车美容养护三大类。

三、“7S”管理理念

“7S”活动是企业现场各项管理的基础活动，它有助于消除企业在生产过程中可能面临的各类不良现象。“7S”活动在推行过程中，通过开展整理、整顿、清扫等基本活动，成为制度性的清洁活动，最终提高员工的职业素养。因此，“7S”活动对企业的作用是基础性的，也是不可估量的。“7S”活动是环境与行为建设的管理文化，它能有效解决工作场所凌乱、无序的状态，有效提升个人行动能力与素质，有效改善文件、资料、档案的管理，有效提升工作效率和团队业绩，使工序简洁化、人性化、标准化。

1.整理(Sort)

把需要与不需要的人、事、物分开，再将不需要的人、事、物加以处理，这是开始改善生产现场的第一步。其要点是对生产现场的现实摆放和停滞的各种物品进行分类，区分什么是现场需要的，什么是现场不需要的；其次，对于现场不需要的物品，诸如用剩的材料、多余的半成品、切下的料头、切屑、垃圾、废品、多余的工具、报废的设备、工人的个人生活用品等，要坚决清理出生产现场，这项工作的重点在于坚决把现场不需要的东西清理掉。对于车间里各个工位或设备的前后、通道左右、厂房上下、工具箱内外，以及车间的各个死角，都要彻底搜寻和清理，达到现场无不用之物。坚决做好这一步，是树立好作风的开始。日本有公司提出口号：效率和安全始于整理！

目的：增加作业面积，物流畅通、防止误用等。

2.整顿(Straighten)

把需要的人、事、物加以定量、定位。通过前一步整理后，对生产现场需要留下的物品进行科学合理的布置和摆放，以便用最快的速度取得所需之物，在最有效的规章、制度和最简捷的流程下完成作业。

目的：使工作场所整洁明了，一目了然，减少取放物品的时间，提高工作效率，保持井井有条的工作秩序区。

3.清扫(Sweep)

把工作场所打扫干净，设备异常时马上修理，使之恢复正常。生产现场在生产过程中会产生灰尘、油污、铁屑、垃圾等，从而使现场变脏。脏的现场会使设备精度降低，故障多发，影响产品质量，使安全事故防不胜防；脏的现场更会影响人们的工作情绪，使人不愿久留。因此，必须通过清扫活动来清除那些脏物，创建一个明快、舒畅的工作环境。

目的：使员工保持良好的工作情绪，并保证产品稳定的品质，最终达到企业生产零故障和零损耗。

4.清洁(Sanitary)

整理、整顿、清扫之后要认真维护，使现场保持完美和最佳状态。清洁，是对前三项活动的坚持与深入，从而消除发生安全事故的根源。创造一个良好的工作环境，使职工能愉快地工作。

目的：使整理、整顿和清扫工作成为一种惯例和制度，是标准化的基础，也是一个企业形成企业文化的开始。

5.素养(Sentiment)

素养即教养，努力提高人员的素养，养成严格遵守规章制度的习惯和作风，这是“7S”活动的核心。没有人员素质的提高，各项活动就不能顺利开展，开展了也坚持不了。因此，抓“7S”活动，要始终着眼于提高人的素质。

目的：通过素养让员工成为一个遵守规章制度，并具有良好工作素养习惯的人。

6.安全(Safety)

清除隐患，排除险情，预防事故的发生。

目的:保障员工的人身安全，保证生产连续安全正常地进行，同时减少因安全事故而带来的经济损失。

7.节约(Save)

对时间、空间、能源等方面合理利用，以发挥它们的最大效能，从而创造一个高效率的，物尽其用的工作场所。

实施时应该秉持3个观念：能用的东西尽可能利用；以自己就是主人的心态对待企业的资源；切勿随意丢弃，丢弃前要思考其剩余的使用价值。

节约是对整理工作的补充和指导，在我国，由于资源相对不足，更应该在企业中秉持勤俭节约的原则。

四、汽车维护与保养的原则及相关法律法规

汽车维护的作业原则在我国相关法规中有明确规定，我国交通运输部颁布的《道路运输车辆技术管理规定》中明文规定，汽车维护作业贯彻“择优选配、正确使用、周期维护、视情修理、定期检测和适时换新”的原则，即汽车维护必须遵照交通运输管理部门规定的行驶里程或时间间隔进行作业，要按期强制执行，不得拖延，并在维护作业中遵循汽车维护分级和作业范围的有关规定，以保证维护质量。

针对现代汽车维护业务，国家制定了相应的法律法规及相关标准。常用的法规及标准有《道路运输车辆维护管理规定》《机动车维修管理规定》及《汽车维护、检测、诊断技术规范》等。

任务检测

简答题

1. 汽车售后服务的5个特点是什么？
2. “7S”管理的基本内容有哪些？
3. 汽车维护作业贯彻的原则是什么？

评价反思

“7S”管理指标的目的各是什么？

课后反思

“7S”管理的发展历程经历了什么？

任务二　了解汽车维护与保养

任务说明

随着现代汽车制造水平和工艺的不断提高和进步，越来越多的新技术和新材料极大提高了汽车的技术性能，延长了其使用寿命。但因为汽车工作环境复杂，任何一辆汽车在运行过程中，由于使用时间、承受载荷、行驶速度、道路状况、燃料和润滑材料的品质、驾驶技术、环境和气温等多种因素的影响，各机构、零件必然逐渐产生不同程度的松动、磨损和机械损伤，车辆的动力性、经济性、可靠性、安全性等都会随之变差。因此，必须依据科学的保养方法和技术规范，定期或在一定里程内对车辆进行适时、合理的维护保养，使汽车各部件始终工作性能良好，且使用寿命延长，并安全、优质、高效地运行。本任务旨在让学生学习汽车常规维护和保养基本内容。

任务目标

- 了解汽车维护与保养的种类；
- 掌握汽车维护与保养的分级和周期。

必备知识

一、汽车维护与保养的种类

1.日常维护与保养

日常维护与保养是指以清洁、补给和安全检视为作业中心内容，由驾驶人负责执行的车辆维护作业。

2.一级维护与保养

一级维护与保养是指除日常维护作业外，以清洁、润滑、紧固为作业中心内容，并检查有关制动和操纵等安全部件，由维修企业负责执行的车辆维护作业。

3.二级维护与保养

二级维护与保养是指除一级维护作业外，以检查、调整转向节、转向摇臂、制动蹄片、悬架等经过一定时间的使用容易磨损或变形的安全部件为主，并拆检轮胎，进行轮胎换位，检查调整发动机工作状况和排气污染控制装置等，由维修企业负责执行的车辆维护作业，如图1–2–1所示。

保养项目	10 000 km或12个月	20 000 km或24个月	30 000 km或36个月	40 000 km或48个月	50 000 km或60个月	60 000 km或72个月	70 000 km或84个月	80 000 km或96个月	90 000 km或108个月
发动机机油	●	●	●	●	●	●	●	●	●
机油滤清器	●	●	●	●	●	●	●	●	●
变速箱油						●			
火花塞		●		●		●		●	
空调滤清器			●			●			●
空气滤清器				●				●	
燃油滤清器				●				●	
制动液		●		●		●		●	

图1-2-1　奥迪A6L TFSI进取型常规保养项目

二、汽车维护与保养的分级和周期

1.汽车维护与保养的分级

汽车维护与保养分为日常维护与保养、一级维护与保养和二级维护与保养。

（1）日常维护与保养

①对汽车外观、发动机外表进行清洁，保持车容整洁。

②对汽车各部位润滑油（脂）、燃油、冷却液、制动液、各种工作介质、轮胎气压进行检视补给。

③对汽车制动、转向、传动、悬架、灯光、信号等安全部位和位置及发动机运转状态进行检视、校紧，确保行程安全。

（2）一级维护与保养

①更换机油、机油滤清器、汽油滤清器、空气滤清器。通常5 000 km更换一次汽车机油，20 000 km更换一次汽油滤清器。

②检查汽车冷却液液面位置是否符合规定。通常每两年需更换一次汽车冷却液。

③检查制动器及离合器液面位置。通常每行驶30 000 km或两年需更换一次制动器和离合器液。

④检查转向助力油罐的油面是否符合规定，检查系统各油管接口是否有渗油现象。

⑤检查电瓶液面及玻璃清洗剂罐的液面，如液面过低或不足，需添加或更换。

⑥检查发电机、空调、水泵，以及助力泵皮带的松紧情况，是否老化，如发现异常需及时更换。

⑦检查汽车前后车灯是否齐全（包括大灯、视宽灯、转向灯、刹车灯、倒车灯及雾灯），确认车灯亮度和照射角度是否达标。

⑧检查汽车轮胎气压及磨损情况，按规定力矩紧固轮胎螺丝，将轮胎气压补充到该车型规定值之内，根据磨损情况进行轮胎换位。

⑨检查汽车尾气排放是否达标，如尾气排放超标，则需检查发动机燃油状况以及输油管道是否正常。

（3）二级维护与保养

汽车二级维护是由维修企业负责执行，作业中心内容除了维护作业外，以检查、调整转向节、转向节臂、制动蹄摩擦片、悬架等经过一定时间的使用容易磨损或变形的安全部件为主，并拆检轮胎，进行轮胎换位，检查发动机高速工作状况和排气污染控制装置等。

2.汽车维护与保养的周期

汽车维护与保养的周期如图1–2–2所示。

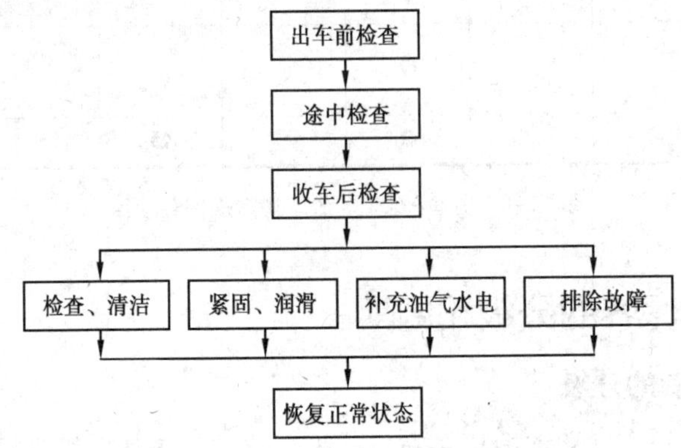

图1-2-2 汽车维护与保养的周期

日常维护与保养的周期包括出车前、行车中、收车后。

汽车一、二级维护与保养周期的确定，应以汽车行驶里程为基本依据。汽车一、二级维护与保养行驶里程依据车辆使用说明书的有关规定，同时依据汽车使用条件的不同，由省级交通行政主管部门决定。

对于不使用行程里程统计、考核的汽车，可用行驶时间间隔确定一、二级维护与保养的周期。其时间（天）间隔可依据汽车使用强度和条件的不同，参照汽车一、二级维护与保养的里程周期来确定。

任务实施

一、汽车维护与保养的作业内容

1.日常维护与保养

日常维护与保养的具体步骤为：

①清洁汽车外观（图1–2–3）、发动机外表（图1–2–4）。

②对汽车各部位润滑油（脂）、燃油、冷却液、制动液、各种工作介质、轮胎气压进

行检视补给。

③检查并校紧汽车制动、转向、传动、悬架、灯光、信号等安全部位和位置及发动机运转状态。

图1-2-3 清洁汽车外观

图1-2-4 清洁发动机外表

2.了解一级维护与保养

①用慢速定性试纸检测机油需要更换与否。

• 不用换机油：油斑的沉积区和扩散区之间界限不明显，整个油斑图案颜色较为平均，表明机油质量良好不用更换。

• 可换可不换：油斑的沉积区颜色较深，扩散区宽度较宽，两者之间有明显界限，并呈现出不同的颜色，表明机油还可以继续使用。

• 立刻换机油：沉积区颜色发黑，有很多杂质沉积在试纸上，扩散区宽度较窄，油区呈现深色，表明机油已经到使用寿命，需要立刻更换机油。

常见机油颜色如图1–2–5所示。

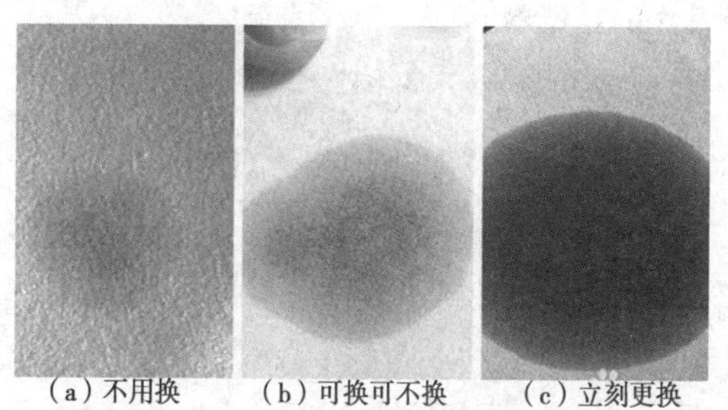

（a）不用换 （b）可换可不换 （c）立刻更换

图1-2-5 常见机油颜色

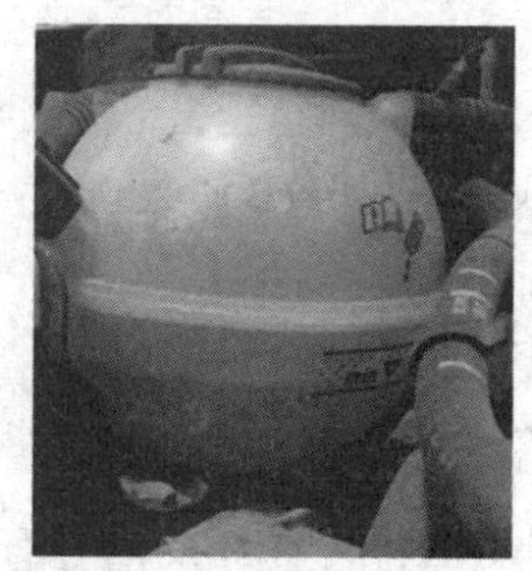

图1-2-6 冷却液限位标记

②检查汽车冷却液液面位置是否符合规定。

检查冷却液储液罐中的冷却液液位高度（见图1–2–6）。当发动机处于冷却状态时，冷却液应该充满散热器，而冷却液储液罐中的冷却液液位应该位于“MAX（或FULL）”和“MIN（或LOW）”标记之间。如果液位低于或者接近“MIN（或LOW）”标记，则缺少冷却液，说明该车维护不及时。

③检查制动器及离合器液面位置是否符合规定（与冷却液液面检查方法相同）（图1–2–7）。

④检查转向助力油罐的油面是否符合规定，且检查系统各油管接口是否有渗油现象。

图1-2-7 制动器及离合器液面检查

⑤检查玻璃清洗剂罐的液面，如液面过低或不足，需添加或更换。

⑥检查汽车前后车灯是否齐全（包括大灯、视宽灯、转向灯、刹车灯、倒车灯及雾灯），确认车灯亮度、照射角度是否达标。

3.了解二级维护与保养

发动机舱各部件位置及名称如图1-2-8所示。

图1-2-8 发动机舱各部件位置及名称

1—机油尺；2—电瓶（塑料盖板下）；3—刹车油壶；4—机油盖；
5—膨胀水壶；6—转向助力油壶；7—玻璃水壶

任务检测

简答题

1.日常维护与保养的内容有哪些？

2.怎样检查机油液面高度？

3.如何检查制动器及离合器液面位置是否符合规定？

评价反思

序号	项目名称	评分细则	分值/分	得分/分
1	汽车清洁	对汽车外观进行清洁	5	
		对发动机外表进行清洁	5	

续表

序号	项目名称	评分细则	分值/分	得分/分
2	机油检查	打开引擎盖，拔出机油标尺，清洁机油尺	5	
		再次插入并拔出机油标尺，查看液面情况	5	
		慢速定性试纸检测机油质量	5	
3	冷却液液面位置检查	检查汽车冷却液液面位置是否符合规定	10	
4	制动器及离合器液面位置检查	检查制动器及离合器液面位置是否符合规定	10	
5	转向助力油罐液面位置检查	检查转向助力油罐的液面是否符合规定	10	
6	玻璃清洗剂罐液面位置检查	玻璃清洗剂罐的液面是否符合规定	5	
7	灯光检查	大灯、视宽灯、转向灯、刹车灯、倒车灯及雾灯，确认车灯亮度、照射角度是否达标	30	
8	清洁整理工具	清洁工具	5	
		恢复／整理工具	5	
总分			100	

课后反思

机油如何更换，机油滤清器怎么更换？

项目二 发动机的简单维护与保养

项目描述

发动机相当于是汽车的心脏，发动机的保养对延长车辆使用寿命能起到至关重要的作用。装有汽油发动机的车辆在常规保养中，更换最频繁的要属“三滤”和机油。这当中“三滤”指的是汽油滤清器、空气滤清器和机油滤清器，它们的作用是过滤汽油中、空气中和机油中的杂质，防止杂质进入发动机内部，引起发动机异常磨损或工作异常等现象发生。更换“三滤”是为了更好地保护发动机，尽量延长发动机的使用寿命。除此之外，如果发动机冷却系统不能发挥良好的效果，温度过热时，发动机就会出现各种故障而不能正常工作。水箱和水道结垢生锈会影响到冷却系统正常运转，水箱中的水垢和锈渍会造成冷却液的循环流动不畅，从而使冷却液正常的散热作用下降，致使发动机因温度过热而损坏各零部件，严重造成拉缸。因此，检查冷却系统和传动带也是本项目的任务。

任务一　更换发动机机油和机油滤清器

任务说明

机油被看作是发动机的血液，发动机机油除了润滑作用，还有清洁、冷却、防锈、密封等作用。要提高汽车发动机的运行效率，就必须提高发动机的润滑效果，使其能够在有效功效作用下为汽车行驶提供保障。只有在规定的时间内更换汽车机油，并要求更换的新机油要满足汽车设计与功能，才能为发动机提供最佳的润滑效果，提高发动机的运转效率。对于不同的汽车，发动机机油更换周期不同，所以没有一个绝对的标准。选用和更换正确与否直接影响到发动机的寿命。本任务需要学会检查和更换发动机的机油和机油滤清器。

任务目标

- 掌握检查发动机机油液位的方法；
- 掌握更换发动机机油的方法；
- 掌握机油滤清器的更换方法和检查项目。

必备知识

发动机机油的分类

1.SAE黏度等级的含义

SAE是英文“美国汽车工程师协会”的简称，SAE后边的标号标明机油的黏度值，如图2–1–1所示。例如：SAE5W–30，其中“W”代表WINTER（冬天），“W”前面的数字代表低温情况下的流动黏性，这个数值越小说明机油的低温流动性越好，当车辆冷启动时对发动机的保护能力越好；“W”后面的数字则是机油在100 ℃时的黏度，数字越高黏度越高。选择什么样的机油最适合，要根据车辆本身的情况和所在环境来决定。发动机机油SAE黏度等级见表2–1–1。

图2-1-1　SAE黏度表示

表2-1-1 发动机机油SAE黏度等级

SAE黏度等级	低温启动黏度		低温泵送黏度（没有屈服能力）		高温运动黏度（100 ℃）		高温高剪切黏度（150 ℃，106 s^{-1}）
	最大值/(MPa·s^{-1})	温度/℃	最大值/(MPa·s^{-1})	温度/℃	最小值/(mm^2·s^{-1})	最大值/(mm^2·s^{-1})	最小值/(MPa·s^{-1})
0W	6 200	–35	60 000	–40	3.8		
5W	6 600	–30	60 000	–35	3.8		
10W	7 000	–25	60 000	–30	4.1		
15W	7 000	–20	60 000	–25	5.6		
20W	9 500	–15	60 000	–20	5.6		
25W	13 000	–10	60 000	–15	9.3		
20					5.6	9.3	2.6
30					9.3	12.5	2.9
40					12.5	16.3	2.9（0W–40，5W–40和10W–40等级）
40					12.5	16.3	3.7（15W–40，20W–40和25W–40等级）
50					16.3	21.9	3.7
60					21.9	26.1	3.7

2.API等级的含义

API是英文“美国石油协会”的简称，API后边的标号则标明机油的质量级别，如图2–1–2所示。

API机油分为以下3类：

- “S”开头系列代表汽油发动机用油，规格有：API SA、API SB、API SC、API SD、API SE、API SF、API SG、API SH、API SJ、API SL、API SM、API SN。
- “C”开头系列代表柴油发动机用油，规格有：API CA、API CB、API CC、API CD、API API CE、API CF、API CF–2、API CF–4、API CG–4、API CH–4、API CI–4。
- 当“S”和“C”两个字母同时存在时，则表示此机油为汽柴通用型。

图2-1-2 API等级表示

在“S”或“C”后面的字母表示的含义是：从“SA”一直到“SN”，每递增一个字母，机油的环保级别都会优于前一种，字母越靠后环保等级越高。国际品牌中，机油级别多是SF级别以上的，目前环保级别最高的机油是“SN”级。

任务实施

一、发动机机油检查

1.机油液位检查

①将车辆停放在平坦地面上，并安装车轮挡块，保证车辆稳定停靠。

②启动发动机，并让发动机达到正常工作温度。

③关闭发动机并等待约5 min，使机油流回油底壳。

④打开发动机舱盖，拉出油尺，擦干净，然后全部插回去。机油尺在发动机中的位置，如图2–1–3所示。

⑤再拉出机油尺，检查油量，油量应在“F”与“L”之间，如图2–1–4所示。

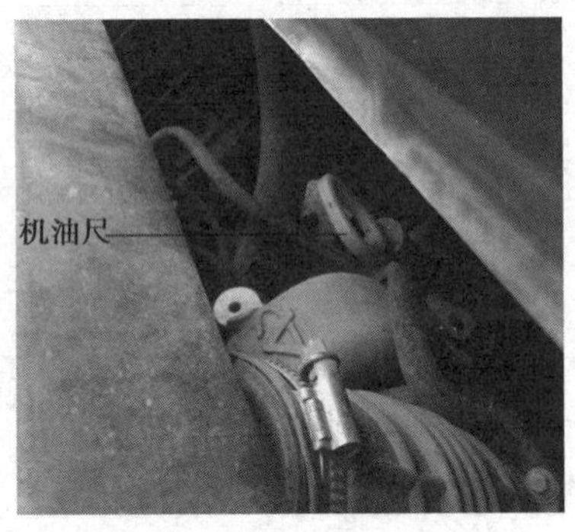

图2-1-3　机油尺位置

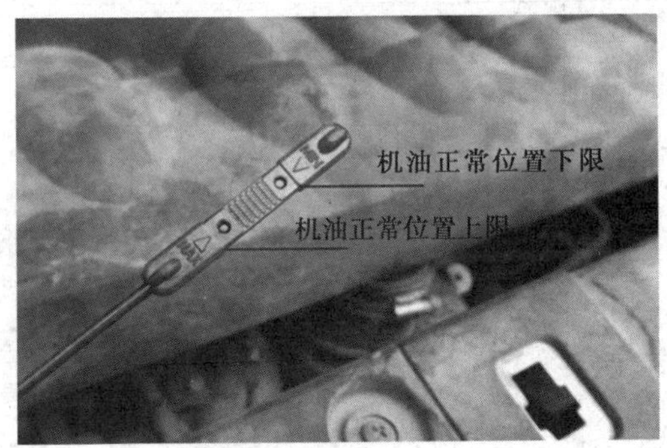

图2-1-4　机油尺的上、下限

⑥如果发现油量靠近或在“L”位置，应补充机油直到油量到达“F”位置。注意不能过量。

2.机油质量检查

①检查发动机机油是否变质、进水、变色。

②如果质量明显不良，需要更换机油。

温馨提示：

正确的观察机油油量的方法应该是冷车状态下，在平地测量机油量。测量前先拔出机油尺擦干净，然后重新插入机油尺测量孔。注意一定要插到底，再次拔出就可以准确查看机油量了。

知识窗

随着科技的发展，越来越多机械的东西被电子化，机油尺也不例外，如今电子机油标尺已经不是新鲜的配置了，用它可以更从容地观察机油液面高度，不用拿着手纸去打开发动机盖观察了。不过使用这种电子机油标尺的时候有一个细节需要注意：它呈现在显示屏上的不是整根标尺，而是上限和下限，所以如果条形示意在显示屏上已经快“空”了，并不代表油底壳中没有机油了，而是机油已经达到合理范围的下限，及时补充即可。

二、发动机机油的更换

更换发动机机油时需要将车辆举升至适合操作的高度位置，在举升之前需要打开机油加注口盖，并且为了防止异物通过机油加注口进入发动机，需要利用干净的布将其遮盖住，然后进行下列操作。

1.举升车辆

①将车辆停放在举升机处，放置举升机托臂。托臂的位置需要对准车辆的举升记号。

②操纵举升机，使车轮举离地面，然后停止举升并以一定的力量按动车辆前、后部，检查车身是否稳定。确定车辆稳定后方可继续下面的操作，否则需要重新降下车辆，重新检查车辆停放位置和举升机托臂的安装位置。

③检查车身稳定的情况下，继续操纵举升机，将车辆举升到适合操作的位置，并将举升机锁止。举升完毕。

2.排放机油

①清洁地面，防止有水或油造成地面湿滑，影响安全操作。

②拆卸机油排放塞，并将机油排入机油收集器中。如图2–1–5所示。此时需要特别注意，防止热车后的机油烫伤手，另外还需要放置好机油收集器，防止机油洒到地面。

图 2-1-5 排放并回收废机油

三、更换机油滤清器

更换机油滤清器有以下步骤：

①利用机油滤清器扳手拆卸机油滤清器。

②检查并清洗汽缸体与机油滤清器的安装表面。

③检查新机油滤清器部件编号是否与旧编号相同。

④在新的机油滤清器衬垫上涂抹干净的发动机机油，如图2–1–6所示。

⑤把机油滤清器轻轻旋入正确位置，拧紧，直到衬垫接触底座。

⑥拧紧机油滤清器附加3/4圈，如图2–1–7所示。

⑦清洁机油排放塞并安装带有新衬垫的机油排泄塞，并按规定扭矩拧紧。

图 2-1-6 机油滤清器

图 2-1-7 拧紧机油滤清器

四、加注新发动机机油

加注发动机机油有以下步骤：

①降车并加注新发动机机油如图2–1–8所示。

②安装机油加注口盖。

③启动发动机，按前面讲述的机油液位检查方法，重新检查发动机机油量。

④检查漏油情况。发动机润滑系统漏油情况的检查主要包括发动机各种区域的接触面、油封和排放塞。

图 2-1-8 加注新机油

任务检测

一、填空题

1. “S”开头系列代表__________用机油。

2.SAE5W–40中“W”代表__________。

3.用机油尺检查油量时，油量应在__________与__________之间。

二、判断题

1.发动机机油和机油滤清器按规定的保养周期同时更换。 （ ）

2.在更换机油滤清器的时候，为了防止机油滤清器漏油，机油滤清器安装越紧越好。 （ ）

3.发动机加注的机油以厂家规定的型号为准。 （ ）

4.当汽车的行驶里程不到发动机更换机油的规定路程，但更换时间已经超过了6个月时必须更换机油。 （ ）

5.更换新机油滤清器时要在密封圈上涂抹一层新机油。 （ ）

6.发动机机油和机油滤清器一般同时更换。 （ ）

评价反思

序号	项目名称	评分细则	分值/分	得分/分
1	启动前检查	发动机舱油位、液位检查方法动作正确	5	
		启动前安全检查挡位、驻车制动器	3	
		启动发动机暖机方法正确	2	
2	检查机油油位及品质	机油油位检查方法正确	3	
		机油品质检查方法与结果正确	2	
3	排放机油	打开发动机机油加注口盖（1分）；检查机油加注口盖（1分）；机油加注口盖放置位置正确（2分）	4	
		举升车辆操作方法正确，高度合适	3	
		机油收集器放置位置正确，高度正确	2	
		清洁放油螺塞（1分）；用正确工具松螺栓（1分）；用手轻轻旋出（1分）；手碰到油（1分）；滴落油（2分）；螺栓或垫片掉落（2分）	8	
		更换垫片（1分）；安装放油螺塞工具选用正确（1分）	2	
		清洁放油螺塞处的油污	1	
4	拆卸机油滤清器	专用工具选用正确（1分）；专用工具旋松动作正确（1分）；手碰到油（1分）；机油滤清器掉落（3分）；滴落油（2分）；机油滤清器放置位置正确（2分）	10	
5	安装机油滤清器	清洁机油滤清器底座（2分）	2	
		更换机油滤清器型号正确（2分）；涂抹新机油正确（2分）	4	
		用手安装新的机油滤清器方法正确（2分）；掉落（2分）	4	
		紧固机油滤清器工具选用正确（1分）；紧固方法正确（2分）	3	
		清洁机油滤清器（1分）；滴落油（2分）	3	
		机油收集器归位（2分）	2	
		降下车辆操作正确（1分）；位置到位（1分）	2	
6	添加发动机机油	选择合适的机油（3分）	3	
		加注时加注量正确（3分）；加注时机油滴落（2分）；机油盖没盖（1分）；没有清洁（1分）	7	
7	检查机油是否泄漏	发动机暖机操作方法正确（1分）；满足暖机要求（2分）	3	
		举升车辆操作正确（1分）；位置正确（1分）	2	
		机油泄漏检查油底与排放塞处（2分）；机油滤清器底座位置是否泄漏（2分）；没有清洁地面（2分）	6	
		检查发动机机油液位方法正确，操作正确（2分）	2	
8	安全文明操作	工作现场“7S”	4	
		操作文明，操作时有零件损伤	8	
		总分	100	

课后反思

1.在放掉旧机油时为什么要暖机？

2.加注新机油后为什么要启动发动机，让发动机运转几分钟？

任务二　检查及更换空气滤清器

任务说明

发动机在工作过程中要吸进大量的空气，如果空气不经过空气滤清器，空气中悬浮的尘埃被吸入汽缸中，就会加速活塞环及汽缸的磨损。较大的颗粒进入活塞与汽缸之间，会造成严重的“拉缸”现象，这在干燥多沙的工作环境中尤为严重。空气滤清器装在化油器或进气管的前方，起到滤除空气中灰尘、砂粒的作用，保证汽缸中进入足量、清洁的空气。检查与更换空气滤清器的任务其实包括了空气滤清器各气道的检查和空气滤芯的更换。本任务将学习空气滤清器和空调滤芯的结构，掌握检查更换空气滤芯和空调滤芯的方法。

任务目标

- 了解发动机空气滤清器的作用、类型和更换间隔。
- 掌握更换空气滤清器的更换方法和操作项目。

必备知识

发动机空气滤清器的基本知识

在汽车的实际使用中，空气滤清器对汽车发动机的使用寿命有极大的影响。一方面，如果没有空气滤清器的过滤作用，发动机就会吸入大量含有尘埃、颗粒的空气，导致发动机汽缸磨损严重；另一方面，如果在使用过程中，长时间不对空气滤清器进行维护保养，空气滤清器的滤芯就会粘满空气中的灰尘，这不但使它的过滤能力下降，而且还会妨碍空气的流通，导致混合气过浓而使发动机工作不正常。因此，按期维护保养空气滤清器是至关重要的。

检查与更换空气滤清器的任务包括空气滤清器各气道的检查和空气滤芯的更换。空气滤清器一般有纸质和油浴式两种。由于纸质滤芯具有滤清效率高、质量轻、成本低、维护方便等优点，已被广泛采用。纸质滤芯的滤清效率高达99.5%以上，油浴式滤清器的滤清效率在正常的情况下为95%～96%。

图2-2-1　空气滤清器

轿车上广泛使用的空气滤清器是纸质滤清器（图2–2–1），

空气滤清器的滤芯分为干式滤芯和湿式滤芯两种。干式滤芯材料为滤纸或无纺布。为了增加空气通过面积，滤芯大都加工出许多细小的褶皱。当滤芯轻度污损时，可以使用小于500 kPa的压缩空气由里向外吹净，压力过大会损坏滤纸，方向相反会使粉尘进入滤纸内部。当滤芯污损严重时应当及时更换新芯。湿式滤芯使用海绵状的聚氨酯类材料制造，装用时应滴加一些机油，用手揉匀，以便吸附空气中的异物。滤芯污损之后，可以用清洗油进行清洗，如果过分污损应该更换新滤芯。如果滤芯阻塞严重，将使进气阻力增加，发动机功率下降。同时由于空气阻力增加，也会增加吸进的汽油量，导致混合比过浓，从而使发动机运转状态变坏，增加燃料消耗，也容易产生积炭。因此，平时应该按时对空气滤清器进行维护和保养。

任务实施

一、发动机空气滤清器的更换

①打开发动机引擎盖，找到空气滤清器的位置。空气滤清器一般位于发动机机舱中，一端与进气口管相连，另一端与发动机连接，如图2–2–2所示可以看到一个四方的塑料黑盒子，空气滤清器滤芯就安装在里面。

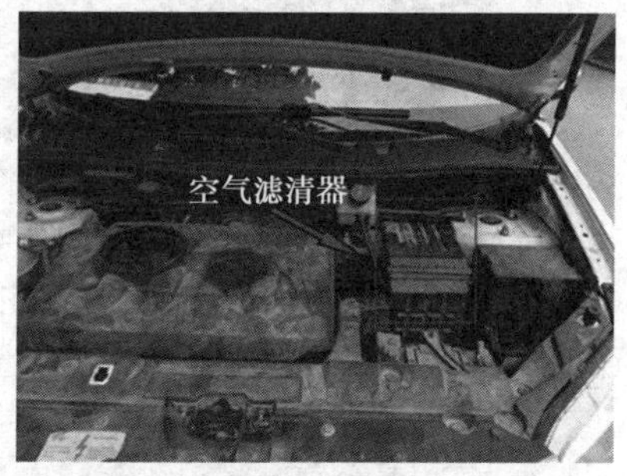

图2-2-2　空气滤清器位置

②拆开空气滤清器总成，取出空气滤芯后，检查是否有较多的尘土，可以轻轻拍打滤芯端面，或利用小于500 kPa的压缩空气由里向外清洁滤芯上的尘土，切勿用自来水进行冲洗。如果检查到空气滤清器已经堵塞，则需要更换新的滤清器（图 2 – 2 – 3 ）。

③在安装新空气滤清器之前，需要对空气滤清器盒底部进行彻底的清理，把空气滤清器下面的尘土清除干净。将新滤清器按方向装入滤清器总成中，扣合好滤清器总成上盖，并拧紧螺栓。

④启动发动机，观察发动机是否运行正常。

⑤放下发动机引擎盖。

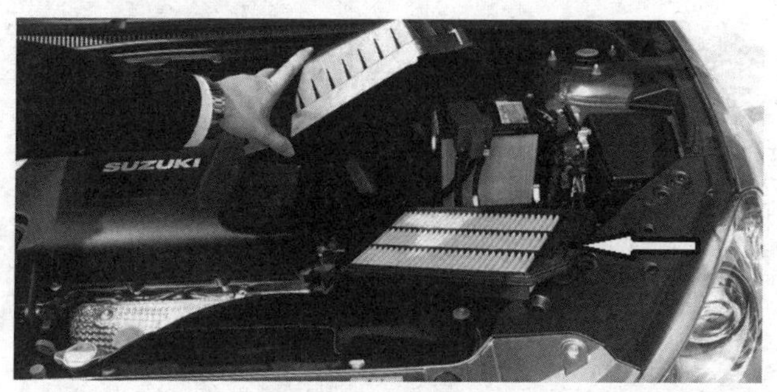

图2-2-3　更换滤清器

温馨提示：

对于干式纸质滤芯，若没有达到更换周期，且滤芯无破裂、无积聚太多的灰尘，用手轻轻拍打，或者轻轻在地面上磕几下，让附着在滤纸上的部分杂质掉下来即可，干净后再安装到位。

二、发动机空调滤清器的更换

空调空气滤清器安装在加热器和蒸发器模块中，位于蒸发器芯的前部。类型大多为纸质的一次性空气滤清器。可以通过从加热器和蒸发器模块下部左前角附近的盖板拆装滤清器，设计这些滤清器的目的就是过滤进入车辆的新鲜空气及在车辆内的再循环空气。

空气中的尘埃、水分、油污被空气滤清器过滤后进入空调的风道，这些污物被吸附在空气滤清器的纸芯上，当纸芯吸附了过多的污物后就会发生堵塞，造成空调的出风量下降，制冷、制热效果下降，这便是更换空气滤清器的目的。

①找到空调滤芯的位置，大多数在副驾驶手套箱里面，如图2–2–4所示。

②打开卡扣，拆除手套箱两侧的阻尼器，取出手套箱。注意过程中不要用蛮力，如图2–2–5所示。

图2-2-4　空调滤清器位置

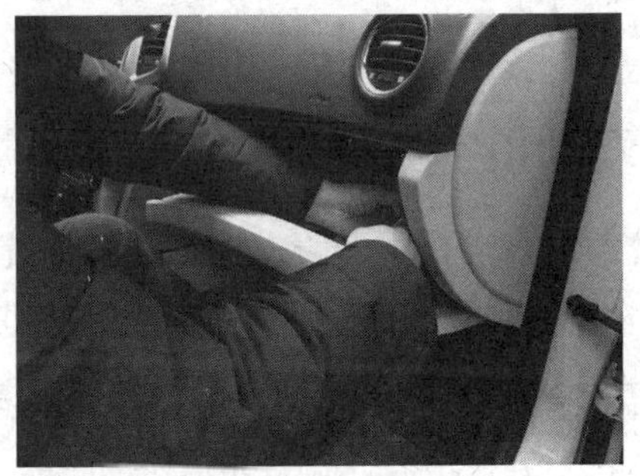

图2-2-5　拆除阻尼器

③打开空调滤芯盖板，取出旧的空调滤芯，如图2–2–6所示。将新旧空调滤芯做对比可以发现，旧的空调滤芯表面有很多粉尘和杂质，严重的还有树叶等，如图2–2–7所示。

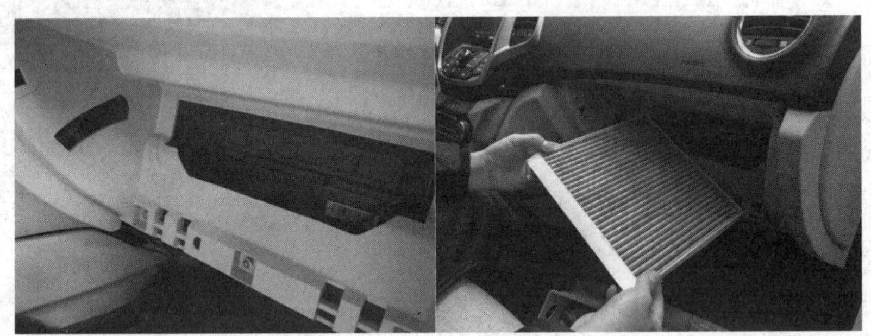

图2-2-6　取出旧的空调滤清器

④更换空调滤芯，将新的空调滤芯装入，按照箭头表示空气流动的方向安装。无箭头的按字面正向安装，不得装反，如图2–2–8所示。

⑤重新安装空调滤芯盖板。

⑥把手套箱按照原来的位置安装回去，将左右两侧的阻尼器扣到对应的位置。完成空调滤芯的更换。

图2-2-7　新旧空调滤清器对比

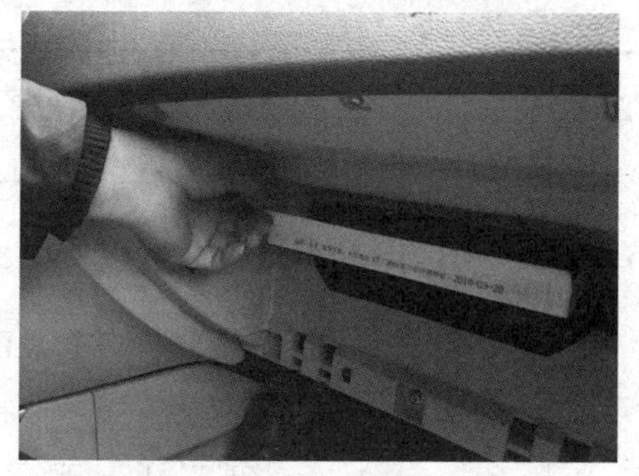

图2-2-8　安装新空调滤清器

任务检测

一、判断题

1.干式纸质式空气滤芯在保养时，可用高压气枪从空气进入方向清理滤芯。（　　）

2.在安装空调滤芯时要根据箭头方向或出厂标识安装，不能装反。（　　）

3.为了使纸质式空气滤芯吹得干净，使用的气枪压力越大越好。（　　）

4.检查滤清器盖的压紧卡箍若出现严重变形、折断现象，则应修复或更换。（　　）

5.紧急情况下可用水清洁滤清器。（　　）

6.清洁或更换空调滤清器时，必须先关闭空调系统。（　　）

二、简答题

使用过的空气滤清器能吹干净吗？

评价反思

序号	项目名称	评分细则	分值/分	得分/分
1	作业前准备	安装车轮挡块	1	
		拉起机舱盖释放杆；打开发动机盖	2	
		安装车内外三件套	2	
2	拆卸空气滤清器	取下发动机盖罩	4	
		断开空气流量计线束连接器	3	
		拆卸空气滤清器盖固定卡扣	3	
		拧松节气门与进气管连接端卡箍带紧固螺栓	4	
		取下通风软管	4	
		取下空气滤清器盖分总成	4	
		取出空气滤清器滤芯	3	
3	清洁空气滤清器	使用干净棉纱布擦拭滤清器盖及下壳体内壁	5	
		使用吹气枪吹拂滤芯	5	

续表

序号	项目名称	评分细则	分值/分	得分/分
4	检查空气滤清器	检查空气滤芯	5	
		检查空气滤清器上壳体是否有裂纹、变形和破损	5	
		检查空气滤清器下壳体是否有裂纹、变形和破损	5	
		检查进气软管是否有破损、老化	5	
5	安装空气滤清器	安装空气滤清器芯	5	
		安装通风软管	5	
		安装进气软管	5	
		卡紧空气滤清器盖上的两个卡扣	5	
		检查进气软管两端接口处是否连接可靠	3	
		连接空气流量计线束连接器	5	
		安装发动机盖罩	2	
6	“5S”清洁整理	清洁工具，每次1分	3	
		恢复 / 整理工具	3	
		操作中是否有物体落地或损坏	4	
总分			100	

课后反思

1.空气滤芯和空调滤芯原理上是否相同?

2.在用高压气枪对不是很脏的空气滤芯进行清理时为什么需要有方向要求?

任务三　检查冷却系统及更换冷却液

任务说明

冷却系统的作用就是使工作中的发动机得到适度的冷却，从而保持在最适宜的温度范围内工作。发动机冷却系统应使汽缸盖内的冷却水温度为353~363 K（80~90 ℃）。

发动机的冷却必须适度。若发动机冷却不足，会使汽缸充气量减少和出现早燃和爆燃等燃烧不正常现象，发动机功率将下降，且发动机零件也会因润滑不良而加速磨损。但若冷却过度，一方面由于热量散失过多，使转变成有用功的热量减少；另一方面由于混合气与冷缸壁接触，使其中原已汽化的燃油又凝结并流到曲轴箱内，不仅增加了燃油消耗，而且使机油变稀而影响润滑，结果也将使发动机功率下降，磨损加剧。本任务需要学习检查冷却系统各部件及冷却液的更换。

任务目标

- 掌握发动机冷却液的检查；
- 掌握冷却液的更换；
- 掌握冷却系统重要部件的检查。

必备知识

一、重要组成元件与工作原理

汽车发动机上采用的水冷系，都是用水泵强制地使冷却液在冷却系统中进行循环流动的，故称为强制循环式水冷系。水冷系由冷却装置（水泵、风扇、散热器等）、冷却强度调节装置（节温器、风扇离合器、百叶窗等）和水温显示装置（水温表、水温传感器等）3个部分构成（图2–3–1）。

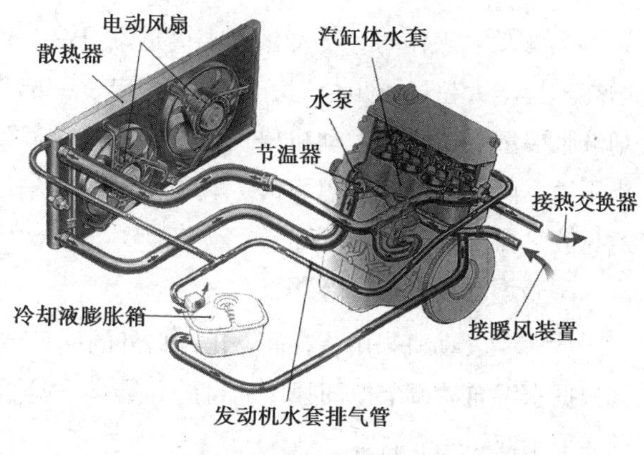

图2-3-1　发动机冷却系统示意图

1.散热器

散热器（俗称水箱）的构造如图2–3–2所示，其主要组成部分为进水室、出水室和散热器芯。当冷却液流经散热器芯时，因其热量被通过散热器芯外的温度较低的空气带走而得到冷却。

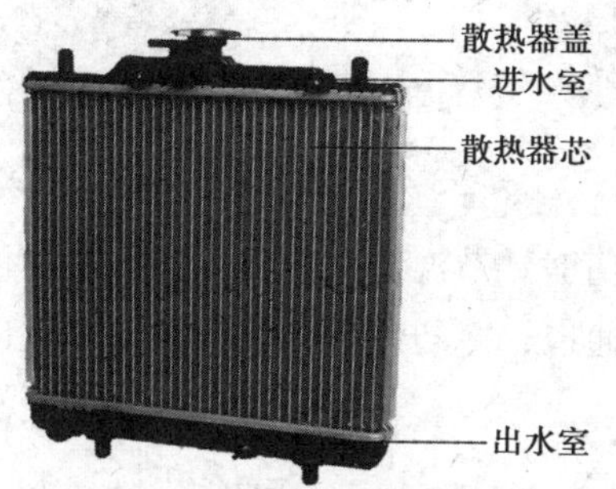

图2-3-2　发动机散热器的组成

2.散热器盖

散热器盖的作用是密封冷却系统并调节系统的工作压力。当把散热器盖盖在散热器加注口上并锁紧时，散热器盖的上密封衬垫在压力阀弹簧的作用下与加注口的上密封面贴紧，散热器盖的下密封衬垫与加注口的下密封面贴紧，这时冷却系统被封闭。散热器盖的结构及工作原理如图2–3–3所示。

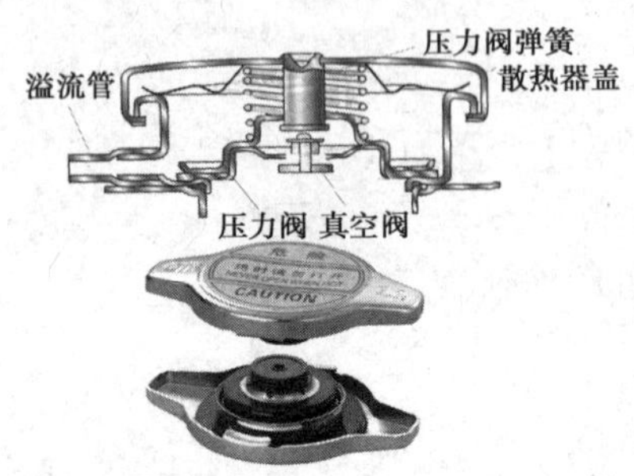

图2-3-3 散热器盖的结构

当发动机工作时，冷却液的温度逐渐升高。由于冷却液容积膨胀使冷却系统内的压力增高。当压力超过预定值时，压力阀开启，一部分冷却液经溢流管流入辅助水箱以防止冷却液胀裂散热器。当发动机停机后，冷却液的温度下降，冷却系统内的压力也随之降低。当压力下降到大气压力以下时，真空阀开启，辅助水箱内的部分冷却液流回散热器，可以避免散热器被大气压力压坏。

3.节温器及大小循环路线

大多数发动机采用装在面盖出水口外的端式节温器来改变冷却液的循环路线和流量，达到根据水温自动调节冷却强度的目的。蜡式节温器分为单阀式和双阀式两种（图2–3–4)，目前多采用双阀式节温器。

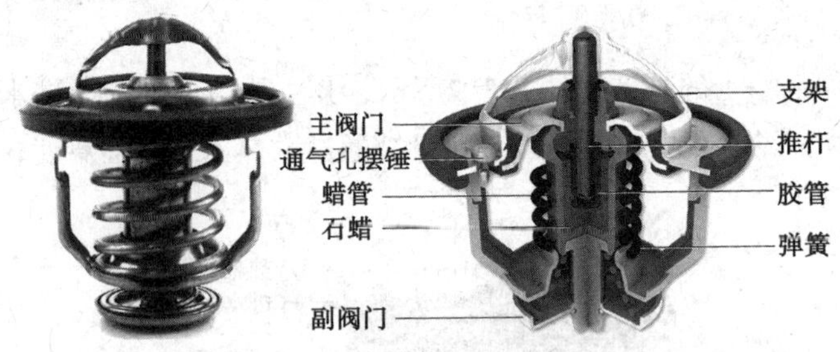

图2-3-4 蜡式节温器的结构

当冷却液温度低于规定值时，节温线感温体内的石蜡呈固态，节温器阀在弹簧的作用下关闭冷却液流向散热器的通道，冷却液经旁通孔和水泵返回发动机，进行小循环，如图2–3–5所示。

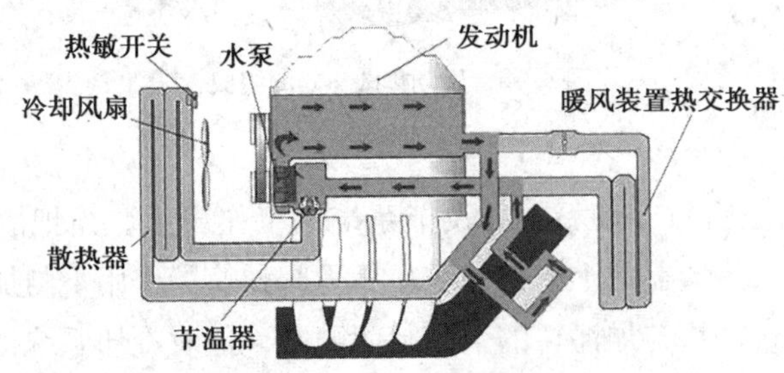

图2-3-5 冷却系统小循环示意图

当冷却液温度达到规定值时，石蜡开始熔化且逐渐变成液体，体积随之增大并压迫橡胶管使其收缩。在橡胶管收缩的同时对推杆作用向上的推力。由于推杆上端固定，因此，推杆对橡胶管和感温体产生向下的反推力使阀门开启。这时冷却液经节温器阀进入散热器，并由散热器经水泵流回发动机，进行大循环，如图2–3–6所示。

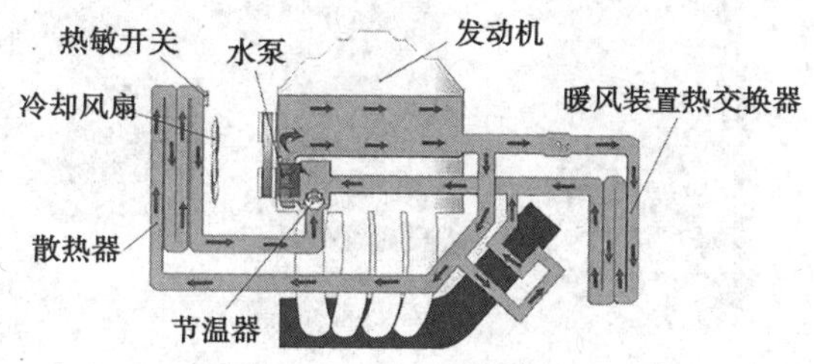

图2-3-6　发动机冷却系统大循环示意图

4.水泵

发动机多采用离心式水泵，如图2–3–7所示。其基本结构由水泵壳体，水泵轴，叶轮及进、出水管等组成。当水泵叶轮如图所示方向旋转时，水泵中的冷却液被叶轮带动一起旋转，并在离心力的作用下被甩向水泵壳体的边缘，同时产生降力差，散热器中的冷却液在水泵进口与叶轮中心的压差作用下经进水管流入叶轮中心。

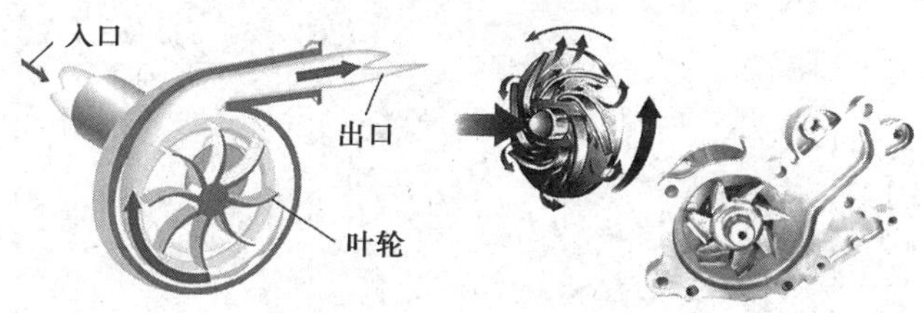

图2-3-7　发动机水泵结构示意图

二、冷却液

防冻冷却液简称冷却液或防冻液，具有沸点高、冰点低的特点，它具有在冬天防冻、夏天防沸的功能，冬天可以防止停车时冷却液结冰而胀裂散热器和冻坏发动机汽缸体或盖，从而保护发动机的冷却系统；夏天，在汽车发动机冷却系统的气压与外界大气压平衡时，冷却液开始升温，到沸腾的控制温度时不再升高，保持发动机在正常温度下工作，提高发动机效率。除此之外，冷却液在发动机水箱内循环，还起到防锈、防腐蚀、防水垢的作用，大多防冻液的颜色为红色或绿色，以便观察是否泄漏，或与发动机其他液体相区别，避免混淆。防冻液的品牌有很多，市面上比较优秀的防冻液品牌有保赐利、长城、蓝星、百适通、车仆、壳牌、爱温、胜牌、Kemitec、宝马和标榜等，如图2–3–8、图2–3–9所示。

BOTNY 防冻液
冰点沸点对照表

冰点(℃)	沸点(℃)
-10	103
-15	105.5
-25	106.5
-30	107
-35	108
-40	108.5
-45	109
-50	112

图2-3-8　保赐利防冻液

图2-3-9 长城防冻液

任务实施

一、发动机冷却液检查

启动发动机运行，预热期间检查冷却系统工作状况，操作时要佩戴手套。

1.冷却系统泄漏状况检查

①检查散热器是否泄漏。

②检查橡胶软管是否泄漏。

③检查软管夹周围是否泄漏。

④检查散热器盖是否泄漏。

2.检查橡胶软管

检查橡胶软管是否存在裂纹、凸起和硬化。

3.检查冷却管道的安装情况

①检查橡胶软管连接是否松动。

②检查夹箍安装是否松动。

二、发动机冷却液的补充与更换

1.发动机冷却液的补充

发动机冷却液的补充如图2–3–10所示。

图2-3-10 发动机冷却液的补充

平时检查冷却液的液面处于最低液面（MIN）刻度线以下时，需要及时补充冷却液。在加注冷却液时一定要加注同种颜色的冷却液。冷却液应补充至上限和下限刻度之间。

热车补充冷却液具有一定的危险性，很可能引起烫伤。因此，正确补充冷却液的方法是先将汽车熄火，等待水管压力降低后，用厚布或手套之类的东西垫在补偿水箱盖上，慢慢旋转拧开，直到有气体喷出时停止旋转，等气体完全释放后再拧开盖子，补加冷却液。冷车时可直接打开冷却液补偿水箱盖。

2.发动机冷却液的更换

①车辆发动机停转至少10 min以上，确保冷却液温度充分降低。（方法同上）

②用厚的垫布或手套压在散热器盖上（图2-3-11），先逆时针转动45°，放出冷却系统内的蒸汽，再继续转动45°，拧下散热器盖。

③将车辆提升到高位，拧开散热器和机体上的放水开关（见图2-3-12），用洗油盆收集冷却液。为保护环境，冷却液按工业废水处理。

图2-3-11 发动机散热器盖

图2-3-12 散热器出水口

④将清水加入冷却系统中，反复清洗几次，每次发动机运行10 min以上，冷却系统清洗干净后，将冷却系统的水全部放出。

⑤加入符合该车规定型号的冷却液，拧紧水箱盖。若为补偿水箱式结构，应将补偿水箱内的冷却液全部抽出，按标线加入新的冷却液，如图2-3-13所示。

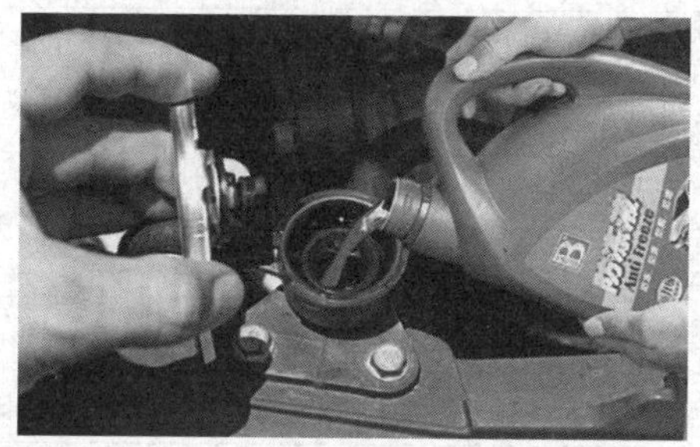

图2-3-13 发动机冷却液的更换

任务检测

简答题

1.为什么要定期更换防冻液？

2.冷却液的作用有哪些？

3.我们可以用水替代防冻液吗？

4.冷却液是如何保护发动机的？

温馨提示：

①散热器不应与任何酸、碱或其他具有腐蚀性的物质接触。

②建议使用软水，硬水需软化处理后使用，以避免造成散热器内部堵塞及水垢的产生。

③建议每2万 km更换冷却液。

④一般轿车水箱容量在4~6 kg,SUV车型一般在6 kg左右，如更换冷却液，一般在3瓶左右。

评价反思

序号	项目名称	评分细则	分值/分	得分/分
1	启动前检查	发动机舱液位检查	5	
		启动前安全检查	2	
2	发动机冷却系统检漏	冷却系统检漏，连接软管有无裂纹、老化；接口处是否有泄漏；散热器、暖风水箱、水泵、储液罐、汽缸垫、汽缸体及汽缸盖的水堵是否泄漏	20	
3	排放发动机冷却液	打开冷却液储液罐的密封盖	4	
		举升车辆方法正确；位置正确	4	
		放置液体收集器位置到位；高度到位	2	
		排放发动机冷却液，用手拧松冷却液排放塞；排尽后拧紧冷却液排放塞；把收集器放回原处；液体有滴落	20	
		降下车辆方法正确；位置正确	4	
4	加注冷却液	加注发动机冷却液时注意观察储液罐的液位高度；当冷却液液位达到储液罐上限刻度线停止加注；液体有滴落	16	
5	发动机运转检漏	启动发动机；保持怠速运行；并打开暖风开关至高挡位	3	
		观察冷却风扇工作情况检查	5	
		检查冷却液储液罐的冷却液液位	3	
		安装发动机盖罩方法正确，位置正确	2	
6	清洁整理工具	清洁工具	5	
		恢复 / 整理工具	5	
总分			100	

课后反思

“软水”的定义是什么？

任务四　检查发动机传动带

任务说明

随着时间的推移，发动机传动带容易出现老化、磨损、裂纹等现象，若出现这些状况而未及时进行检查或者更换，则会造成行车安全问题。本任务需要学会传动带的检查与更换。

任务目标

- 了解发动机传动带的作用；
- 掌握发动机传动带的检查方法；
- 掌握发动机传动带的更换步骤。

必备知识

一、发动机传动带概述

发动机是传统内燃机汽车的动力源，汽车的其他附件如动力转向泵、空调压缩电动机、交流发动机等需要发动机的曲轴通过传动带来驱动。发动机附件所用的传动带有两种，分别为V型皮带和多楔带，如图2-4-1、图2-4-2所示。目前大多数汽车的发动机附件都以带自动张紧轮的多楔带传动。

图2-4-1　V型皮带

图2-4-2　多楔带

二、传动带的检查与更换

由于不断地使用传动带，传动带会越用越旧，当出现传动带打滑，传动带硬度降低、磨蚀、纤维断裂或裂纹现象就说明传动带出现了不同程度的损坏，需要对传动带进行检查与更换。

①检查传动带的松紧度。现今大多数发动机都带传动带张紧自动调节机构，但是也有少数发动机带手动调节装置的。调节器本身是自动的，但多数还是通过感觉来判断传动带松紧度。

②若已经确定传动带松弛，则可能是传动带拉伸过度、张紧弹簧断裂或者自动张紧装置松弛或卡住3种原因造成的，所以针对这3种原因我们应该对张紧装置复位，或者拧紧定

位螺钉，对出现跳动的传动带，直接进行更换即可。

③若出现传动带过紧，则应该对整个传动带进行检查，查看传动带有没有磨损、裂纹、裂缝等破损以及油污、冷却液浸湿的痕迹等现象。若出现上述任何一种现象就应该及时更换传动带，还应该查明导致以上情况的原因从而根治问题。

任务实施

一、更换发动机传动带

1.拆卸传动带

①拆卸冷却液储液罐。

②从散热器溢流颈口管的接头上拆卸冷却液壶卡箍和软管。

③从减震器双头螺栓处拆卸冷却液储液罐螺母。

④从减震器下端支架双头螺栓上取下冷却液储液罐。

⑤将冷却液储液罐内的冷却液放出。

⑥将传动带张紧器从传动带上抬起并旋转，再将其拆下。

⑦拆卸传动带。

2.安装传动带

①套上传动带。

②检查传动带和传动带系统。确保传动带和附加传动带带轮的相应凹槽对齐。

③确保传动带的传动路线正确。必须保证传动带套在各带轮和张紧轮之间。如果套错就不能有效地驱动各种附件，而且传动带也会遭受损伤。

④抬起并旋转传动带张紧器，将传动带安装到传动带张紧器轮下部。

⑤检查传动带张紧器上的长度标准，以确定安装长度是否合适。

任务检测

一、填空题

1.传动带出现________问题就需要进行检查或者更换。

2.发动机传动带的主要有________和________两种。

3.带自动张紧轮的传动带具有________等优点。

二、简答题

1.若检查传动带时发现过紧应该怎么办？

2.简述更换发动机传动带的步骤。

评价反思

序号	项目名称	评分细则	分值/分	得分/分
1	拆卸传动带第一部分	拆卸冷却液储液罐	5	
		拆卸冷却液壶卡箍和软管	5	
		拆卸冷却液储液罐螺母	5	
2	拆卸传动带第二部分	从减震器下端支架双头螺栓上取下冷却液	10	
		放出冷却液储液罐内的冷却液	10	
3	拆卸传动带第三部分	将传动带张紧器从传动带上抬起并旋转，再将其拆下	10	
		拆卸传动带	10	
4	安装传动带第一部分	套上传动带	5	
		检查传动带和传动带系统。确保传动带和附加传动带带轮的相应凹槽对齐	10	
5	安装传动带第二部分	确保传动带传动路线正确。必须保证传动带套在各带轮和张紧轮之间。如果套错就不能有效地驱动各种附件，而且传动带也会遭受损坏	10	
		抬起并旋转传动带张紧器，将传动带安装到传动带张紧器轮下部	10	
		检查传动带张紧器上的长度标准，以确定安装长度是否合适	10	
总分			100	

课后反思

1.若传动带遇上油迹、冷却液印迹会出现哪些问题？

2.为什么检查传动带的时候要在传动带背面做记号？

任务五　更换正时皮带

任务说明

正时皮带在长时间的使用过程中，容易发生硬化、龟裂、剥离等一系列问题，这些问题会严重影响安全。本任务需要要学会正时皮带的更换。

任务目标

- 能检查传动带是否损坏；
- 掌握传动带的拆装工艺。

必备知识

一、正时皮带的基本知识

1.正时皮带的材质及作用

材质：由橡胶材料制成。

功用：当发动机运转时，活塞的行程（上下的运动）气门的开启与关闭（时间）点火的顺序（时间），在“正时”的连接作用下，时刻保持“同步”运转。正时，就是通过发动机的正时机构，让每个汽缸做到：活塞向上正好到上止点时、气门正好关闭、火花塞正好点火。

2.正时皮带的优缺点

优点：噪音小，传动精确，自身变化量小而且易于补偿，同时不需要润滑。

缺点：正时皮带经长期使用后，易发生硬化、龟裂、剥离、脱落、纤维松散等问题，如图2-5-1所示，严重时还会折断。如发现上述情况，一般均需更换新件。

图2-5-1　正时皮带

3.新带旋向的判断

对于大多数车型来说，正时皮带都是从曲轴安装比较方便，但也有部分车型从凸轮轴带轮开始安装。对于标明旋向的正时皮带可直接进行安装；对于未标明旋向的正时皮带，则以文字正对我们时的顺时针旋转方向为皮带旋向。

4.正时皮带张紧度的检测方法

对于张紧力大小的判断，一般认为将正时皮带旋转90°时张紧力正好。这种判断方法对于张紧力大小的判断比较模糊。如何判断张紧力的大小？压力检测（能压下10~15 mm）转动正时皮带能转过90°为宜。

二、正时皮带的更换步骤

①拆卸前工具、设备的检查（常用工具、专用工具，抹布、粉笔），做标记（图2-5-2）。

图2-5-2　正时皮带做标记

②找到正时记号。顺时针旋转曲轴找到正时记号（图2–5–3）。

图2-5-3　旋转曲轴

③用专用套筒旋转曲轴（顺时针旋转两圈之内），确认正时是否对正（图2–5–4、图2–5–5）。

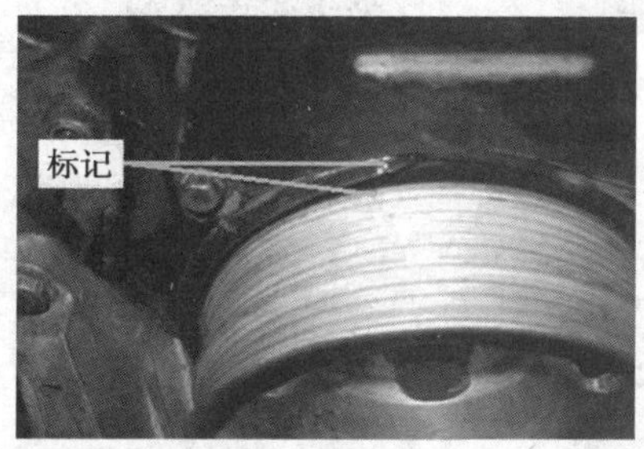

图2-5-4　曲轴皮带盘记号

图2-5-5　凸轮轴皮带盘记号

④给正时皮带做好方向记号。

⑤拆下曲轴皮带轮、张紧轮、正时皮带下护罩（图2–5–6—图2–5–8）。

图2-5-6　拆下曲轴皮带盘

图2-5-7　拆下正时皮带中、下护罩

图2-5-8　拆下张紧轮

⑥拆下正时皮带（图2–5–9）。

图2-5-9　拆下正时皮带

⑦安装正时皮带（图2–5–10）。

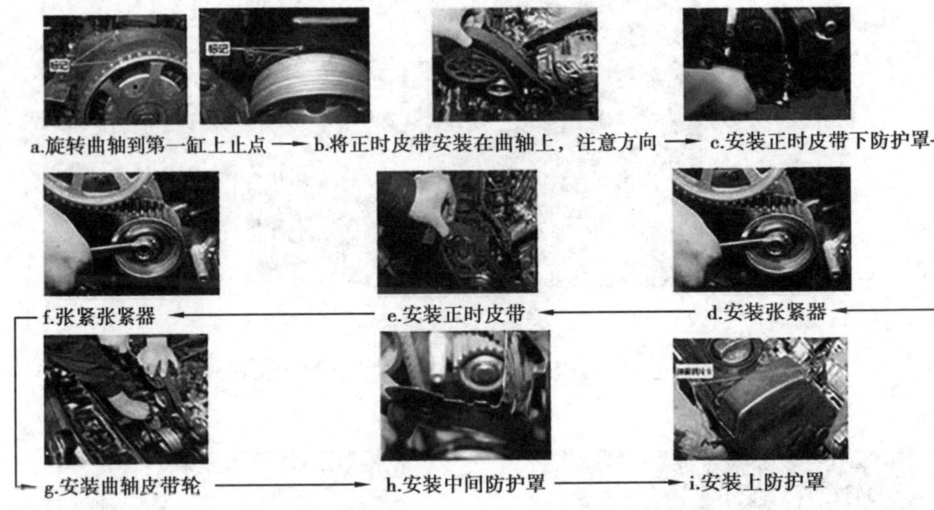

图2-5-10　安装顺序

任务实施

①正时皮带的拆卸。

②正时皮带的安装。

③检查半自动张紧轮。

任务检测

一、选择题

1.发动机润滑油的消耗部位不包括（　　）。

A.正时皮带　B.活塞　C.汽缸壁　D.气门导管

2.汽车行驶（　　）km需要更换正时皮带。

A.3万~5万　B.5万~8万　C.8万~12万　D.12万~15万

二、简答题

1.简述正时皮带的拆卸步骤。

2.简述正时皮带的安装步骤。

评价反思

<table>
<tr><th>序号</th><th>项目名称</th><th>评分细则</th><th>分值/分</th><th>得分/分</th></tr>
<tr><td rowspan="3">1</td><td rowspan="3">正时皮带的拆卸准备工作</td><td>工具的检查</td><td>10</td><td></td></tr>
<tr><td>设备的检查</td><td>10</td><td></td></tr>
<tr><td>顺时针旋转曲轴找到正时记号</td><td>20</td><td></td></tr>
<tr><td rowspan="3">2</td><td rowspan="3">正时皮带的拆卸过程</td><td>给正时皮带做好方向记号</td><td>15</td><td></td></tr>
<tr><td>拆下曲轴皮带轮、张紧轮、正时皮带下防护罩</td><td>15</td><td></td></tr>
<tr><td>拆下正时皮带</td><td>10</td><td></td></tr>
<tr><td>3</td><td>安装正时皮带</td><td>按照规定的顺序完成正时皮带的安装</td><td>20</td><td></td></tr>
<tr><td colspan="3">总分</td><td>100</td><td></td></tr>
</table>

课后反思

正时皮带我们应该如何去维护?

项目三　底盘的简单维护与保养

项目描述

汽车底盘是汽车的重要组成部分，也是汽车的“骨骼”。其功用是接受发动机的动力，使汽车产生运动，并保证正常行驶。汽车底盘由传动系、行驶系、转向系和制动系四大系统组成。其中传动系的作用是将发动机输出的动力传递给驱动车轮；行驶系的作用是将传动系传递来的转矩转化为汽车行驶的驱动力，并将汽车构成一个整体，支承汽车的总质量，承受、传递各种力和力矩，减小振动，缓和冲击；转向系的作用是保证汽车在行驶中能按驾驶员的操纵要求，适时地改变行驶方向，能在汽车受到路面干扰偏离行驶方向时，与行驶系配合，共同保证并完成汽车稳定地按直线行驶；制动系的作用就是使行驶的汽车减速或者停车。

本项目就是结合现代汽车底盘的构造和工作原理、底盘常见故障的诊断与排除、底盘的维护与修理等知识，使学生初步掌握汽车底盘各总成的功用、结构和基本工作原理，初步具备底盘拆装、故障诊断与排除、零件损耗分析与检验分类，合理维护与修理的基本技能。

任务一　对离合器进行保养与维护

任务说明

离合器位于发动机和变速箱之间的飞轮壳内，用螺钉将离合器总成固定在飞轮的后平面上，离合器的输出轴就是变速箱的输入轴。在汽车行驶过程中，驾驶员可根据需要踩下或松开离合器踏板，使发动机与变速箱暂时分离或逐渐接合，以切断或传递发动机向变速器输入的动力。离合器是机械传动中的常用部件，可将传动系统随时分离或接合。

本任务主要介绍离合器基本结构和原理，要求学生掌握离合器的常规保养和维护。

任务目标

- 离合器踏板高度的测量和调整；
- 离合器踏板自由间隙的测量与调整；
- 液压式离合器操纵机构的排空气法。

必备知识

离合器的基本知识

离合器是汽车传动系中直接与发动机相联系的部件（其结构见图3–1–1、图3–1–2），其作用是使发动机的动力与传动装置平稳地接合或暂时分离，可靠传递发动机扭矩，以便于驾驶员进行汽车的起步、停车、换挡等操作。

图3-1-1　离合器总成

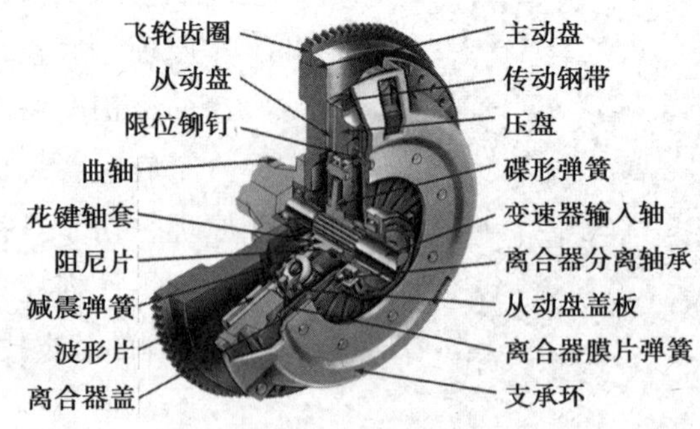

图3-1-2　离合器分解图

摩擦式离合器是应用得最广，也是历史最久的一类离合器，它基本上是由主动部分、从动部分、压紧机构和操纵机构四部分组成。

- 主动部分：由飞轮、压盘和离合器盖等组成。离合器盖用螺钉固定于飞轮的后端面上，压盘通过传动片与离合器盖相连，可做轴向移动，飞轮与曲轴固定在一起，只要曲轴旋转，发动机动力便可通过飞轮、离合器盖带动压盘一起转动。
- 从动部分：由从动盘和变速器第一轴等组成。带有摩擦衬片的从动盘安装于压盘轴承与飞轮之间，通过花键套装在变速器第一轴上，变速器第一轴通过轴承支承于曲轴后端中心孔内。

• 压紧装置：由若干压紧弹簧组成，安装于压盘与离合器盖之间，沿周向均匀分布，把压盘、飞轮、从动盘相互压紧。

• 操纵机构：由分离杠杆、弹簧、踏板、拉杆、调节叉、回位弹簧、分离叉、分离轴承等组成。分离杠杆中部铰接于离合器盖的支架上，内端则铰接于压盘上，通过弹簧的作用消除因分离杠杆支承处存在间隙而前后晃动产生的噪声。分离轴承压装在分离套筒上，分离套筒安装在变速器第一轴承盖上，分离叉是中部带支点的杠杆，拉动分离叉下端便可通过分离轴承、分离杠杆向后拉动压盘，从而解除压盘对从动盘的压力。

离合器的工作原理如下：

①离合器处于接合状态时，压紧弹簧将压盘、飞轮及从动盘互相压紧。发动机转矩经飞轮及压盘通过摩擦面的摩擦力矩传递到从动盘再经变速器输入轴向传动系输入。

②分离过程踏下踏板时，通过联动件使分离轴承前移，压在分离杠杆上，使压盘产生一个向后的拉力，当此拉力大于压紧弹簧的弹力时，从动盘与飞轮、压盘脱离接触，发动机则停止向变速器输出动力。

③结合过程当缓慢放松踏板时，通过联动件作用在压盘上的拉力逐渐减小，在压紧弹簧的作用下，从动盘与飞轮、压盘的接合程度逐渐增加，其摩擦力矩逐渐增大，当大于汽车通过传动系作用在从动盘上的阻力扭矩时，从动盘与飞轮等速转动，汽车起步。

任务实施

一、离合器踏板高度的测量与调整

用直尺测量由地板到踏板垫面的距离称为踏板高度，即A，标准值为180.5 mm，如不相符，应调整踏板止动螺栓，调整到标准值后拧紧锁紧螺母，如图3-1-3所示。

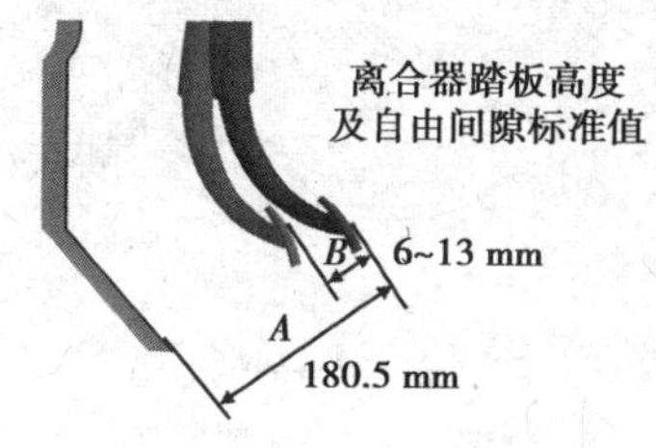

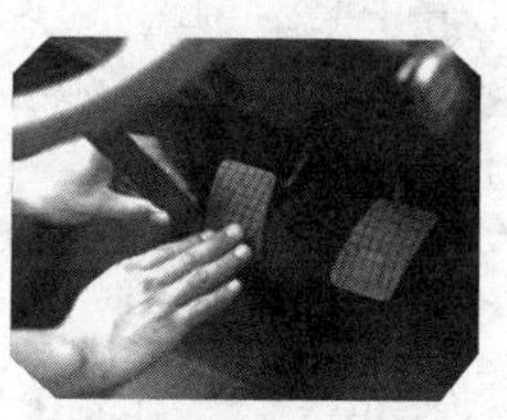

离合器踏板高度的测量

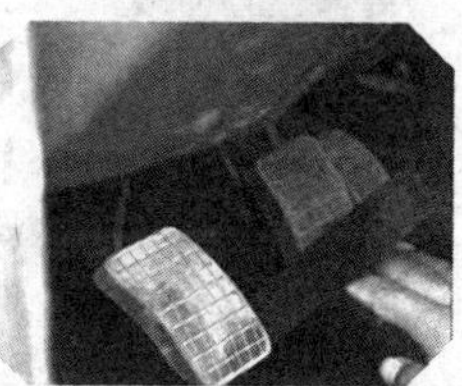

离合器踏板高度的调整

图3-1-3　离合器踏板高度的测量与调整

二、离合器踏板自由间隙的测量与调整

离合器踏板如果没有自由行程，会造成离合器打滑，汽车行驶无力；如查离合器踏板自由行程过大，不能使离合器彻底分离，造成换挡困难。

检查时，踩下离合器踏板，直到感受到有阻力为止。这一行程即是离合器踏板的自由行程。自由行程必须在规定的6～13 mm极限值范围内。如果不符合规定应到维修站检修。

离合器踏板自由间隙的测量和调整方法如下：

用直尺测量离合器踏板自由间隙，即*B*，标准值为6～13 mm。如不相符，应调整离合器总泵顶杆长度，调解到标准值后拧紧顶杆锁紧螺母。

常见车型离合器踏板自由行程、分离轴承与分离杠杆间隙，见表3–1–1。

表 3–1–1 常见车型离合器踏板自由行程、分离轴承与分离杠杆间隙

车型	踏板自由行程/mm	分离轴承与分离杠杆间隙/mm
解放CA1091	25~35	2.7~3.8
东风EQ1092	30~40	3~4
桑塔纳2000	15~25	2~2.7

三、液压式离合器操纵机构的排空气法

每次拆卸离合器油管、离合器软管、离合器总泵（图3–1–4），或者踩下离合器踏板感觉海绵状时应对离合器液压系统放气，注意加注的离合器油SAE J1703（或DOT3、DOT4），切勿使用质量差的离合器油。

①使用一根塑料软管套在放气螺栓上，将排出的离合器油导入一个容器内，打开离合器分泵放气螺栓。

②慢慢地往复地踩下离合器踏板，如果往复踩下离合器踏板的速度过快，汽缸里的空气将不能放尽，每次放松离合器踏板时都要回到最高位置。

③踩住离合器踏板，拧紧放气螺栓。

④对储油罐加注离合器油到规定位置，如图3–1–5所示。

图3-1-4 离合器总泵

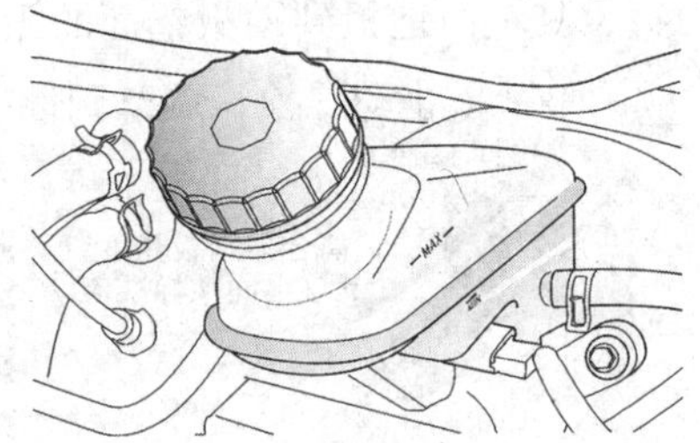

图3-1-5 离合器储液罐

任务检测

一、简答题

1. 对离合器有哪些性能要求？
2. 离合器的作用有哪些？
3. 摩擦式离合器的结构组成有哪些？

二、填空题

1.离合器的主动部分与发动机________相连，从动部分与________相连。在汽车从起步到行驶的整个过程中，驾驶员可根据需要操纵离合器，使发动机与变速器________或逐渐________，以________或________发动机向传动系输出动力。

2.离合器的作用是使发动机与传动系________，保证汽车________，保证传动机构________，以适应变速器的需要，限制________，防止________。

3.离合器按所传递扭矩的方式不同，分为常见的________、________、________。

4.摩擦式离合器通常由________、________、________和________四部分组成。

5.离合器是________旋转的机件，它不能随意变动主要旋转件的________，拆下时应注意________，安装时________。

评价反思

序号	项目名称	评分细则	分值/分	得分/分
1	离合器踏板高度的测量和调整	能使用直尺正确测量踏板高度	5	
		调整踏板高度至合适高度	20	
2	离合器踏板自由间隙的测量与调整	能正确测量踏板的自由行程	5	
		调整离合器总泵顶杆至合适长度	20	
		调解到标准值后拧紧顶杆锁紧螺母	5	
3	液压式离合器操纵机构的排空气法	排气前准备工作	5	
		排气过程，是否有不当操作	15	
		踩住离合器踏板，拧紧放气螺栓	10	
		对储油罐加注离合器油到规定位置	5	
4	清洁整理工具	清洁工具	5	
		恢复/整理工具	5	
总分			100	

课后反思

各种操作机构的离合器和自由行程调节有什么区别?

任务二　对变速器进行保养与维护

任务说明

变速器是汽车传动系统的主要组成之一。目前广泛采用的活塞式发动机的输出转矩和转速变化范围较小。为了适应经常变化的行驶条件，同时使发动机在有利的工况下(功率较高、油耗较低)工作，在传动系统中设置了变速器。

变速器的保养与维护是一个非常重要的环节，如果缺少必要的保养，会出现异响、发热、换挡困难等故障。本任务学习对变速器进行保养与维护。

任务目标

- 手动变速器的保养与维护；
- 自动变速器的免解体维护。

必备知识

一、变速器概述

变速箱由变速传动机构和变速操纵机构两部分组成。变速传动机构的主要作用是改变转矩和转速的数值和方向；操纵机构的主要作用是控制传动机构，实现变速器传动比的变换，即实现换挡，以达到变速变矩。

按传动比的变化方式划分，变速器可分为有级式、无级式和综合式3种；按操纵方式划分，变速器可以分为手动操纵式和自动操纵式2种。

变速器的功用：

①改变传动比，满足不同行驶条件对牵引力的需要，使发动机尽量工作在有利的工况下，满足可能的行驶速度要求。在较大范围内改变汽车行驶速度的大小和汽车驱动轮上扭矩的大小。

②实现倒车行驶，用来满足汽车倒退行驶的需要。实现倒车行驶汽车，发动机曲轴一般都是只能向一个方向转动的，而汽车有时需要能倒退行驶，因此，往往利用变速箱中设置的倒挡来实现汽车倒车行驶。

③实现空挡，当离合器接合时，变速箱可以不输出动力。例如，可以保证驾驶员在发动机不熄火时松开离合器踏板离开驾驶员座位。

二、手动变速器的基本知识

手动变速器是指通过拨动变速杆改变变速器内的齿轮啮合状态，也就是改变传动比，从而达到变速目的的一种变速器，如图3-2-1所示。车辆的驱动方式不同，变速器的外部形状差异较大，但其基本组成结构是相同的，一般由动力传动机构、变速执行机构和减速输出机构组成。离合器是汽车传动系中直接与发动机相联系的部件，其作用是使发动机的动力与传动装置平稳地接合或暂时分离，可靠传递发动机扭矩，以便于驾驶员进行汽车的起步、停车、换挡等操作。

图3-2-1　手动变速器

三、自动变速器的基本知识

自动变速器是指根据发动机转速、动力传动载荷、车速和其他操作因素自动改变变速器内齿轮啮合状态，改变传动比，从而达到变速的目的，如图3-2-2所示。

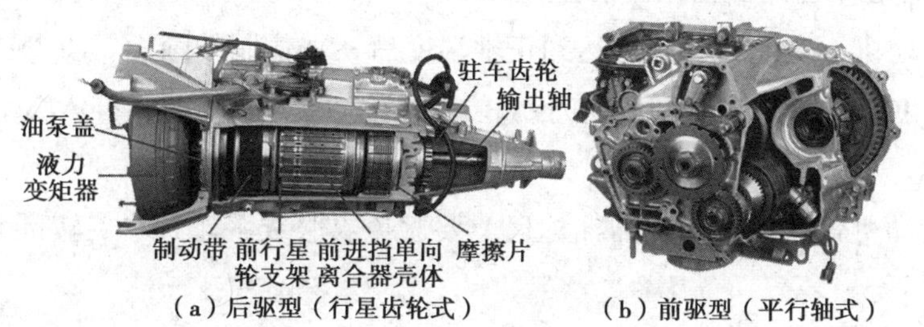

（a）后驱型（行星齿轮式）　（b）前驱型（平行轴式）

图3-2-2　自动变速器

液力自动变速器由变矩器、机械式变速器（一般多采用行星齿轮）和电子—液压控制系统三部分组成。

任务实施

一、手动变速器的保养与维护

1.变速器油的检查（一级维护操作）

①检查变速箱是否有漏油，如有应维修漏油处。

②进行检查时，应确保汽车放平。

③卸下变速器油位塞，通过注油孔/油位塞孔检查油位。

如果卸下油位塞时，油从油位孔流出或油位已达油位孔，说明油已加注到位。如果发现油量不足应用规定油加注，让油位升至油位孔。

④按规定扭矩拧紧油位塞。

2.变速器油的更换（二级维护操作）

①将汽车放平，卸下放油塞，放油。

②按规定扭紧放油塞。

③用规定用油加注，让油位升至油位孔。

④按规定扭矩拧紧注油塞。

3.换挡控制杆与轴的检查（一级维护操作）

检查换挡控制杆是否灵活，有无不正常的噪声。如操作不灵，应按要求进行润滑。用底盘防水润滑脂润滑控制杆支座和轴衬套。

二、自动变速器的保养与维护

1.自动变速器油

（1）自动变速器油的更换周期

每行驶约100 000 km时更换一次自动变速器油。规定变速器油：DIAMOND ATF SP-Ⅲ/SK ATF SP-Ⅲ。恶劣条件下，每行驶40 000 km时更换一次。

（2）自动变速器油的检查

①将车辆停在平坦路面上，拉紧驻车制动器。

②启动发动机，变速器油温度达到正常温度后，踩住制动踏板，将变速杆从[P]（驻车）换到[L]挡位以2～3 s为时间间隔在各挡位来回移动2～3回，最后挂入[N]（空挡）或[P]（驻车）挡位。

③打开发动机盖，拔出变速器油标尺。要避免衣服或手碰到并旋转部分及过热的散热器。

④擦干变速器机油标尺后，再次将它插入变速器，然后拔出，确认变速器油是否在[HOT]范围之内。

⑤变速器油不足时，利用漏斗加入变速器油至[HOT]范围。

2.自动变速器的免解体维护

（1）自动变速器的清洗循环

对自动变速器免解体维修时，要将自动变速器出油管从管接头处拆开，或从回油管的管接头拆开也是一样的。用清洗和注油用油管将自动变速器油路与维修设备连接起来，这样当换油泵转动时，就带动自动变速器液压油呈体外循环。此时在自动变速器量油尺孔（加油孔）加注一瓶自动变速器清洗剂，就能在液压油废油循环过程中与原来的废油充分混合，并彻底清洗自动变速器内各部位。

清洗过程中应不断变换变速杆置于[D]和[R]等各挡，踏住脚制动并拉紧手制动；变换油门开度，使自动变速器各挡都能得到清洗。清洗循环时可用液压油流量调节阀调节流量，并从机械转动的指示器中可看到液压油的流动，当液压油受到污染而全变黑时指示器窗孔即变黑了，看不见叶轮转动，但用手摸时可以感到热量（用手摸清洗注油管也能感到热量和油流波动）；废油油量表指示废油流量，油量随着调节阀开度大小而变化，适当控制流量调节阀的开度，对废油和清洗液的循环有利，可以在较短的时间内清洗好自动变速器；当废油油量表显示为“0.00”时，表示循环液有堵塞之处，适当开启和关闭调节阀可将堵塞处冲开而重新恢复油流循环，直到将自动变速器清洗好为止。

（2）新油加注

新油加注也称换油，其工作原理是将新油用油泵压入自动变速器，与此同时顶出自动变速器中的废油。

当自动变速器清洗完毕，将清洗加注设备上的“换油”开关按下，此时内部油路的电磁阀动作，油路自动切换；新油油箱与进油管相连；废油油箱与出油管相连，而新油油箱与废油油箱是彼此分开的；当换油泵转动时，新油从进油管流进自动变速器，并逐渐顶出自动变速器中的废油。

当换油开始时，可从透明的进油管上看到废的黑油逐渐被红色的新油所代替；当换油快要结束时，出油管就变得透明并完全变红了，但此时还有间断的黑色油液；继续进行换油，顶出废油，直到出油管全部变红并透明，自动变速器中的脏物随废油排出，并在废油油箱侧面的玻璃管油面高度指示器的下部呈现新油为止，即把废油和脏物几乎全部排出。

强制换油的油量略高于自动变速器油量容积，如自动变速器的油量容积为6 L时，换油量最好是8 L；油量容积为8 L时，换油量应为10 L比较合适。

换油的流量可由新油流量调节和指示装置调节和显示出来，通过新油数字式流量表指示出具体数字。调节阀门可以改变油量，当进油量略小于出油量时，可将新油刚好加注到量油尺的最小和最大刻度之间，几乎不用重新加注和减油。

任务检测

一、简答题

1.变速器的作用及要求有哪些？

2.手动变速器的分类有哪些？

二、判断题

1.相互啮合的两齿轮转速之比等于两齿轮齿数之比。（ ）

2.汽车倒挡是通过改变发动机曲轴的旋转方向实现的。（ ）

3.二轴式变速器除设有输入轴、输出轴和倒挡轴外，还设有中间轴。（ ）

4.传动比小于1的挡位是超速挡。（ ）

5.当需要挂倒挡时，只能在汽车处于静止状态时才能挂入倒挡。（ ）

6.液力耦合器的主动件是涡轮，从动件是泵轮。（ ）

7.液力耦合器若正常工作，泵轮转速必须大于涡轮转速；若转速相等，耦合器不起传动作用。（ ）

8.液力耦合器既能传递扭矩，又能改变输出扭矩大小。（ ）

评价反思

序号	项目名称	评分细则	分值/分	得分/分
1	变速器油的检查	检查变速箱是否有漏油	5	
		通过注油孔/油位塞孔能检查油位	10	
		按规定扭矩拧紧油位塞	5	
2	变速器油的更换	将汽车放平，卸下放油塞，放油	5	
		按规定扭紧放油塞	10	
		用规定用油加注，让油位升至油位孔	10	
		按规定扭矩拧紧注油塞	5	
3	换挡控制杆与轴的检查（一级维护操作）	检查换挡控制杆是否灵活，有无不正常的噪声。如操作不灵，应按要求进行润滑	10	
4	自动变速器油的检查	将车辆停在平坦路面上，拉紧驻车制动器	5	
		发动机预热后将变速杆从[P]（驻车）换到[L]挡位以2～3 s为时间间隔在各挡位来回移动2～3回，最后挂入[N]（空挡）或[P]（驻车）挡位	10	
		打开发动机盖，拔出变速器油标尺，并查看是否在[HOT]范围	10	
		变速器油不足时，利用漏斗加入变速器油至[HOT]范围	5	
5	清洁整理工具	清洁工具	5	
		恢复／整理工具	5	
总分			100	

课后反思

自动变速器油压不良常见故障有哪些？

任务三　对悬架系统进行保养与维护

任务说明

在日常行驶中，汽车底盘主要受到泥浆、砂砾等侵蚀，特别是下雨天经过长时间的行驶之后泥浆糊在悬挂上。许多粗心大意的新手，过减速带以及坑洼路面时不注意减速。长时间这样，对悬挂的冲击比较大，久而久之就会严重影响到减震器、弹簧以及其内部支架的使用寿命。所以，对悬挂进行保养是非常有必要的。

任务目标

- 掌握悬架装置的检查；
- 掌握轮胎的检查与更换；
- 掌握车轮的检查；
- 掌握前轮定位的检查调整；
- 了解后轮定位的检查调整。

必备知识

悬架是车架（或车身）与车桥（或车轮）之间一切动力连接装置的总称（图3–3–1、图3–3–2）。

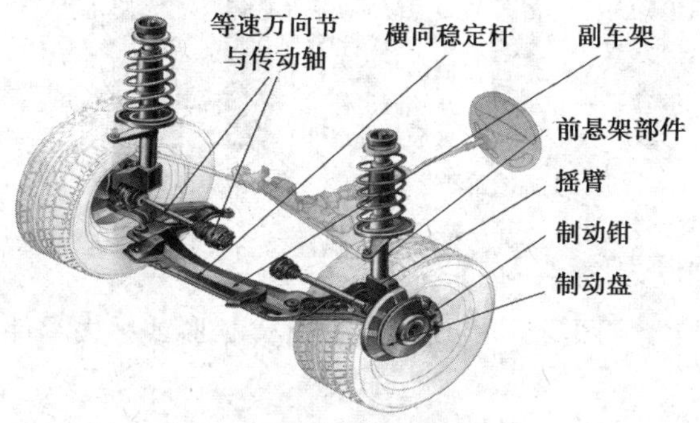

图3-3-1　独立悬架

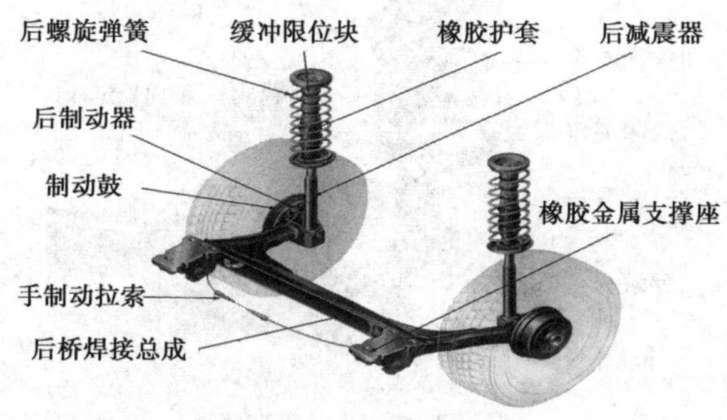

图3-3-2　非独立悬架

它的功能是将路面作用在车轮上的力和力矩传递到车架（或车身）上，保证汽车的正常行驶。

目前，汽车的悬架一般由弹性元件、减震器、导向机构和横向稳定器组成。

任务实施

悬架装置检查

1. 一级维护操作

①检查前/后减震器有无漏油压痕或衬套上的其他损坏；检查支座端是否有损伤。如有损伤部件，应更换（图3–3–3）。

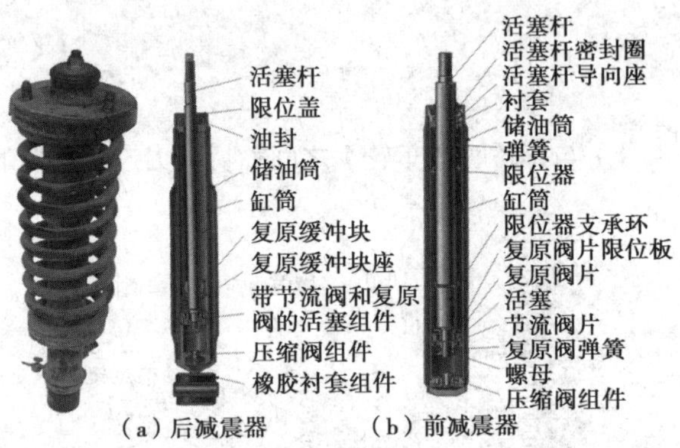

图3-3-3 减震器

②检查前/后悬架装置（图3–3–4）是否有损坏、松脱或丢失零件，还应检查部件是否有损伤部件。

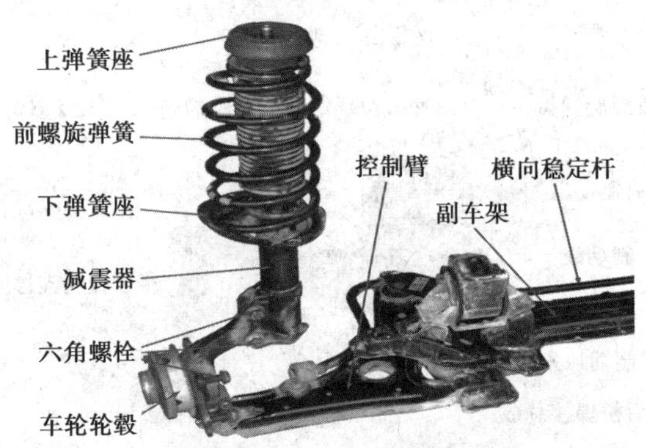

图3-3-4 前/后悬架连接图

③检查前/后悬架上弹簧座有无脱开、撕裂成其他损坏。如有损伤，应更换。

④检查悬架螺栓与螺母是否拧紧。必要时，应重新拧紧；如有损伤部件，应维修或更换。

⑤检查前悬架上/下摆臂。检查上/下摆臂的要点：

- 检查衬套的磨损和老化状况。
- 检查下摆臂是否弯曲或断裂。
- 检查防尘套是否开裂。
- 检查所有螺栓。
- 检查下摆臂球头，如果防尘套有裂纹应更换防尘套总成。

2.轮胎的检查与更换

（1）轮胎检查

①检查轮胎是否已过度磨损或损坏。如发现不良，应更换。

②检查每个轮胎的气压。必要时，应按技术要求调节压力（图3-3-5）。

项目	区分		
轮胎规格	175/70R14	185/65R15	195/60R15
轮胎压力	前后2.1 kg/cm²(30PSI)		

图3-3-5　轮胎胎压检测

注意：

- 轮胎气压的检查应在轮胎冷却后进行。
- 应在随车的轮胎标牌或用户手册中，找出规定的轮胎气压。

（2）轮胎的更换时期

轮胎上没有表示外胎磨损程度的（Wear Indi Cator）标记，也就是轮胎旁边槽中或△标记方向的突出部分表示磨损程度。当轮胎磨损到这部分时要更换（见图3-3-6）。

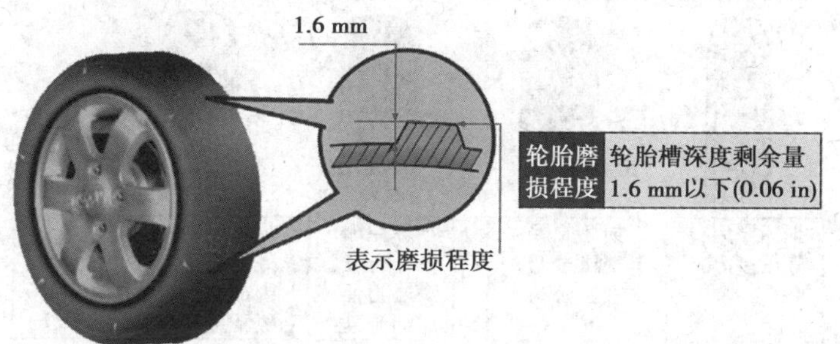

图3-3-6　轮胎磨损度的检测

（3）轮胎换位

为了防止轮胎偏磨损，延长轮胎的使用寿命，每行驶10 000 km时，按图3-3-7或图3-3-8顺序变换轮胎的位置。

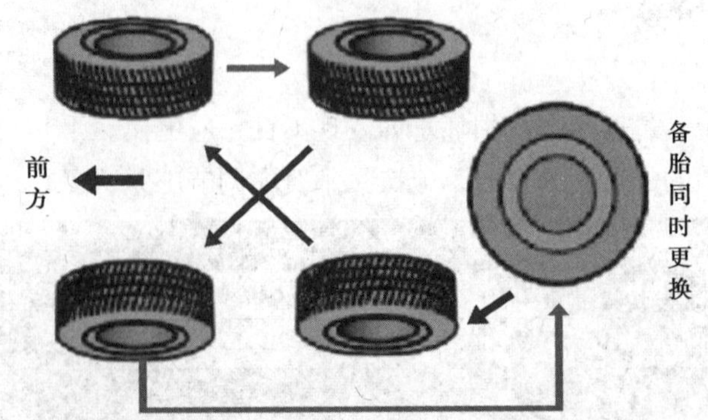

图3-3-7 备胎同时更换轮胎的方式

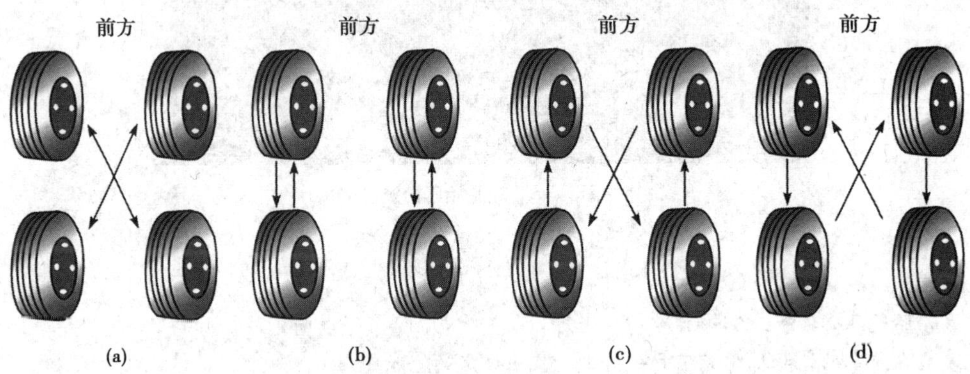

图3-3-8 轮胎的换位方式

（4）轮胎不正常的磨损现象

轮胎不正常磨损现象和原因如图3-3-9所示。

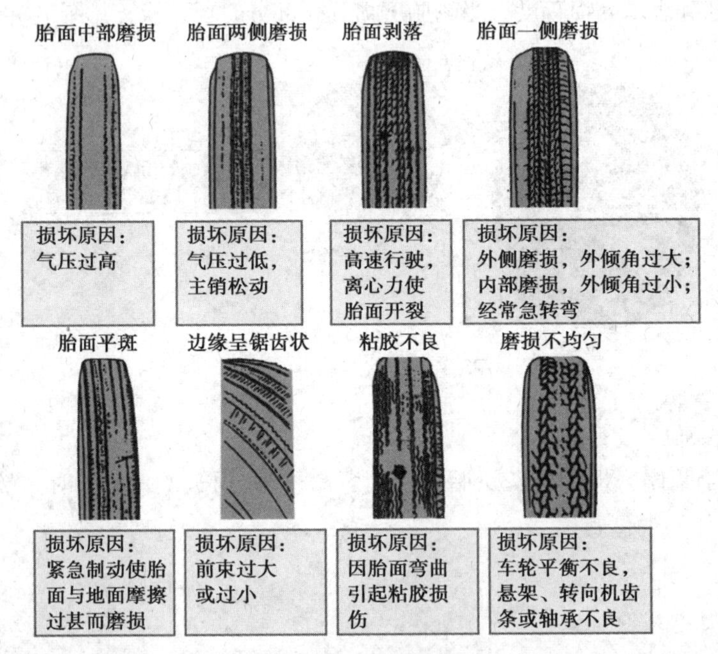

图3-3-9 轮胎的不正常磨损

（5）检查轮胎磨损和轮辋跳动量

①胎面花纹深度磨损极限为1.6 mm。

②胎面花纹深度低于1.6 mm必须更换轮胎。

③举升车辆。

④用百分表测量轮辋径向和轴向跳动量，钢制车轮：径向跳动量为0.6 mm，轴向跳动量为1.0 mm；铝合金车轮：径向跳动量0.3 mm，轴向跳动量0.3 mm，如图3–3–10所示，如超标应更换轮辋。更换后按图3–3–11顺序拧紧车轮螺母。拧紧力矩为90 ~ 110 N · m。

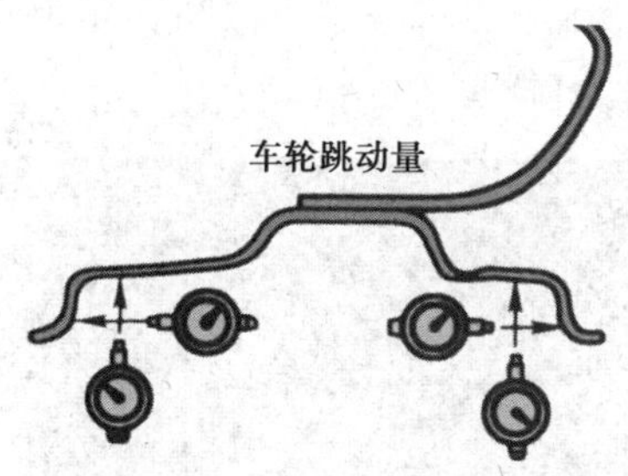

图3-3-10　测量轮辋的径向跳动量

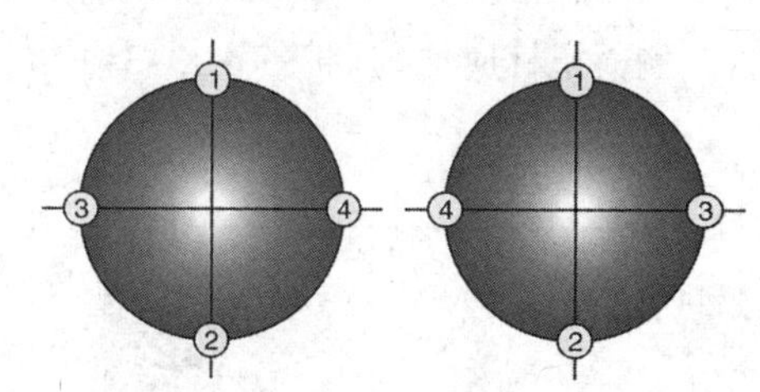

图3-3-11　轮胎螺栓的拧紧顺序

3.车轮的检查

（1）轮胎的检查

检查车轮盘有无压痕、变形和裂纹。如车轮轮盘严重损坏必须更换，如图3–3–12所示。

图3-3-12　轮胎的检查

（2）车轮轴承的检查

①转动车轮检查前轮轴承是否磨损、损坏，有无异常噪声或咔 嗒声。

②转动车轮检查后轮轴承是否磨损、损坏，有无异常噪声或咔嗒声。

③检查车轮螺母是否拧紧，应按规定扭矩重新拧紧。

4.检查调整前轮定位

（1）前束的调整测量

在检测之前，胎压应符合规定值，车辆必须置于水平地面上，前轮朝向正前方。

①汽车空载，检查轮胎气压，气压值应符合规定标准。

②根据光学测试仪需要，将车轮定位做好调整前准备。

③松开横拉杆左侧锁紧螺母及护套弹性卡环，根据需要拧动前束调整杆调整长度，直至满足规定值要求。

④紧固锁紧螺母，重新安装好护套弹性卡环。

⑤前束调整完成后，检查转向盘应水平，否则松开转向盘锁紧螺母，调整转向盘至水平位置，拧紧转向盘锁紧螺母至规定力矩要求。

前束=$B-A$，标准值为-2~+2 mm；前束=$\alpha+\beta$，标准值为-10′48″ ~ +10′48″（图3-3-13）。前束通过调整横拉杆来实现，调整转向横拉杆时先拆卡子，以防止防尘套扭曲，左右两侧横拉杆应均匀调整（图3-3-14），横拉杆螺母拧紧扭矩50 ~ 55 N・m。

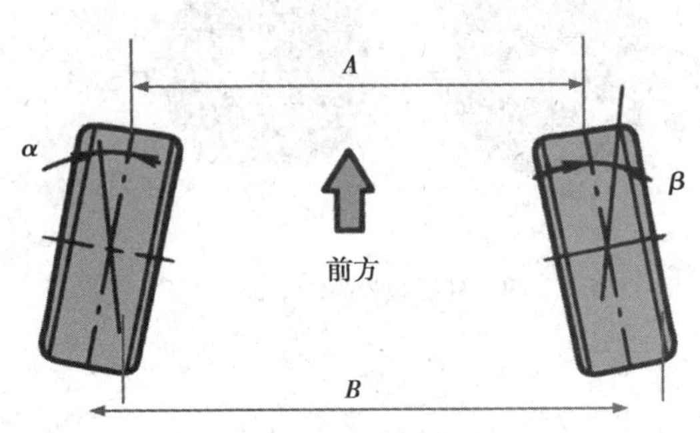

图3-3-13 测量轮胎前束

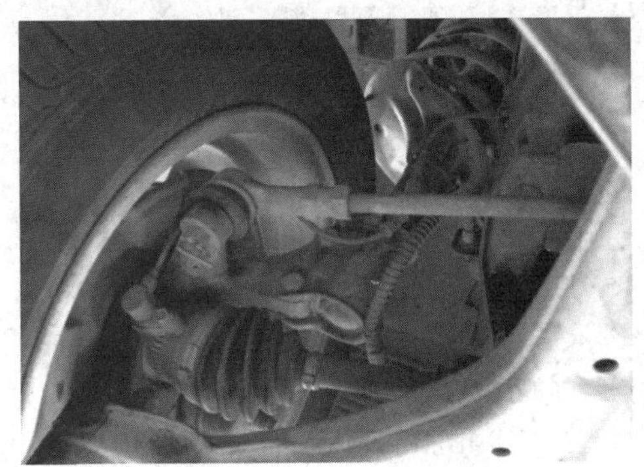

图3-3-14 前轮前束调整

（2）调整外倾角

正常情况下，独立悬架和车轮轴承壳体装配后不必调整外倾角。如果发现外倾角因其他原因偏离了公差范围，可用独立悬架车轮轴承壳体上的连接螺栓来校正外倾角，使其满足要求。

使用专用工具检测车轮定位（图3-3-15），外倾角标准值为0° ± 30′，后轮外倾角在制造厂已按规定外倾角调整，维修时不需要调整。

图3-3-15 调整后轮前束

①汽车空载，检查轮胎气压，气压值应符合规定值。

②根据光学测试仪需要，将车轮定位做好调整前准备。

③校正外倾角前，可检查行走系统部件有无损坏。

④如果检测发现车轮外倾角超差，可以松开弹簧腿和轮轴承上的螺栓，扳动车轮加以矫正。

⑤如需进一步矫正，可采用更换螺栓来进行车轮外倾角调整（图3–3–16）。

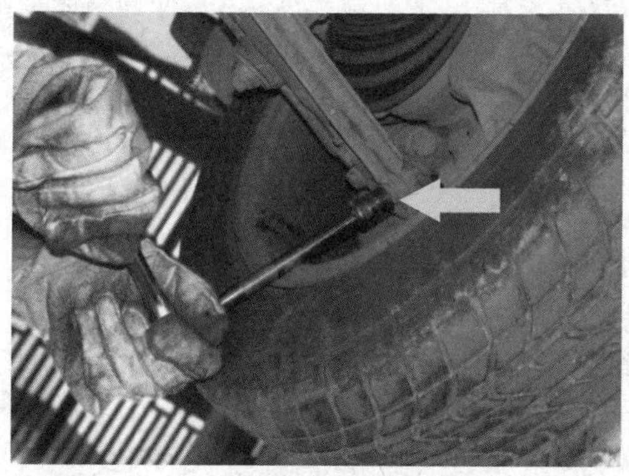

图3-3-16　外倾角调整螺栓

（3）主销内倾角的调整

主销内倾角在生产时已按标准值调整，在维修时不需要调整，如果主销内倾角超出标准值，应更换弯曲或损坏的部件。

5.检查调整后轮定位

（1）后轮前束的调整

后轮前束标准值为（2 ± 2） mm，调整时必须对两个车轮平均调整助力臂螺栓，刻度盘接近于水平2.4 mm（见图3–3–17）。

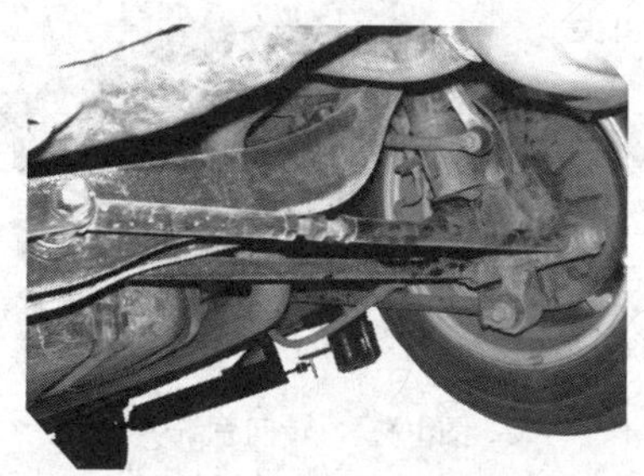

图3-3-17　调整后轮前束

（2）车轮外倾角的调整

后车轮外倾角为：–30′ ± 30′。后轮定位前，确定悬架总成无磨损、松动或损伤，由制造厂家调整过的外倾角不可再进行调整，如外倾角未在规定范围内应更换损伤部件。

任务四　对转向系统进行保养与维护

任务说明

由于动力转向液经常处于持续的极压和高温的工作环境下，因此一段时间后会出现污染劣化，并失去润滑性能，导致漆膜等沉积物生成，使汽车出现转向困难、方向盘发抖等故障。如果动力转向系统内部的沉积物不能定期清除，极易造成系统内液压油泵的损坏，导致高额的维修费用，并且耽误宝贵的时间。本任务学习转向系统的保养与维护。

任务目标

- 了解转向系统的常规检查；
- 了解转向器的调整方法；
- 掌握检查转向盘自由行程的方法；
- 了解检查转向角度的方法；
- 了解检查转向盘制动回位的方法；
- 了解检查横拉杆球头预紧力的方法；
- 掌握动力转向系统的密封性检查；
- 了解转向助力泵的压力检查。

必备知识

汽车在行驶过程中，经常需要改变行驶方向（即转向）。改变行驶方向的方法是：驾驶员通过一套专设的机构使汽车转向桥上的车轮（转向轮）相对于汽车纵轴线偏转一定角度。有时转向轮也会受到侧向力的干扰而自动偏转，改变行驶方向。驾驶员也可以利用这套机构使转向轮向相反方向偏转，使汽车恢复原来的行驶方向。用来改变或恢复汽车行驶方向的专设机构即称为汽车转向系统，如图3–4–1、图3–4–2所示。

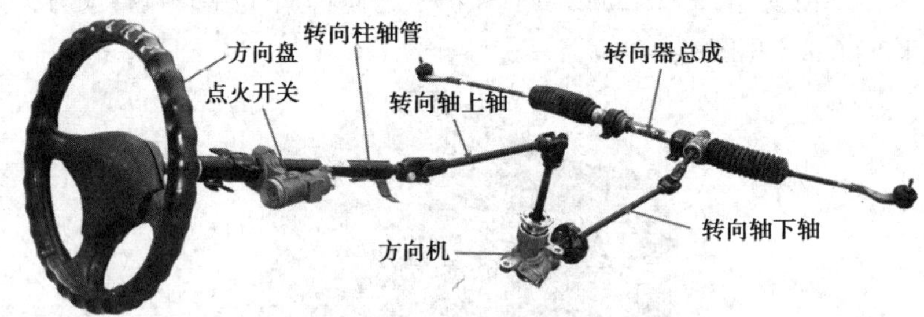

图3-4-1 转向系统

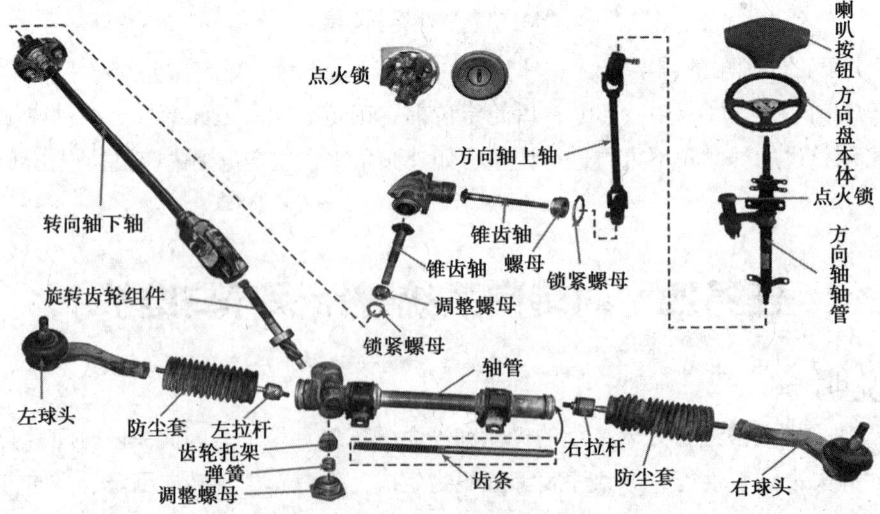

图3-4-2 转向系统分解

任务实施

一、常规检查

①让汽车保持直线行驶状态检查方向盘的游隙是否恰当（图3–4–3），是否有咔嗒声。方向盘游隙“α”：0 ~ 30 mm。

②检查螺栓及螺母是否已拧紧，必要时重新拧紧。如有损伤部件，应维修或更换。

③检查转向杆是否松动和损坏。如有损伤部件，应维修或更换。

④检查转向杆保护罩（图3–4–4）和转向齿轮箱罩是否有损坏（泄漏、脱开、撕裂等）。如发现有损坏，应用新罩更换。

图3-4-3 方向盘游隙检测

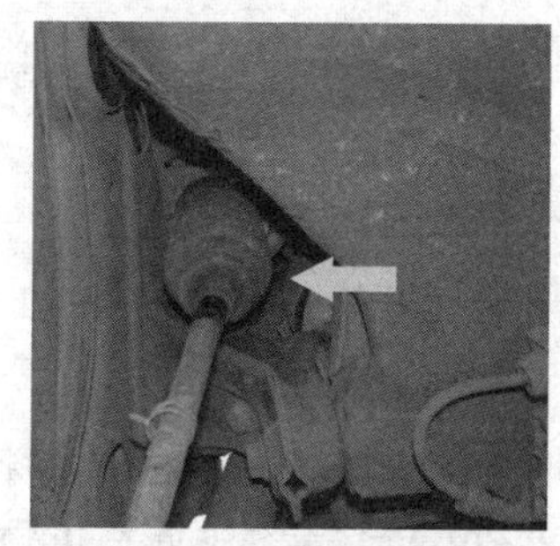

图3-4-4 防尘套检查

⑤检查转向轴、万向节是否有咔嗒声和损坏。如有咔嗒声和损坏，应更换新部件。

⑥检查方向盘是否能左右转向自如能否自动回位。如转动不良，应维修或更换。

⑦检查螺栓和螺母是否拧紧，必要时，应重新拧紧。如有任何损伤，应维修或更换。

⑧检查方向盘是否校准。

⑨检查助力转向泵工作情况。

二、转向器的调整

1.机械转向器的调整

转向器总成经拆装后或在安装了新转向器总成后，须对其进行调整。调整按以下步骤进行：

①使车轮位于直线行驶位置。

②将自锁调整螺钉（图3–4–5）小心地拧进约20°。

③进行道路试验。

④转向器如能自行回到直线位置，则把调整螺钉拧松一点。

⑤若转向器还有间隙，则将调整螺钉拧紧一点。

2.检查转向盘自由行程

①将前轮摆正，在转向盘周边加5 N的力。

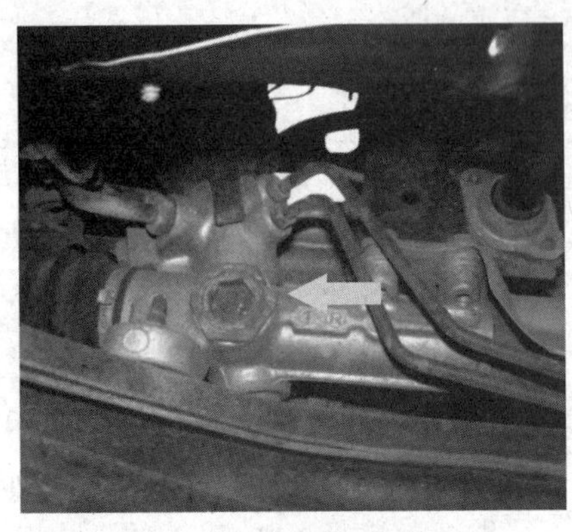

图3-4-5 自锁调整螺钉位置图

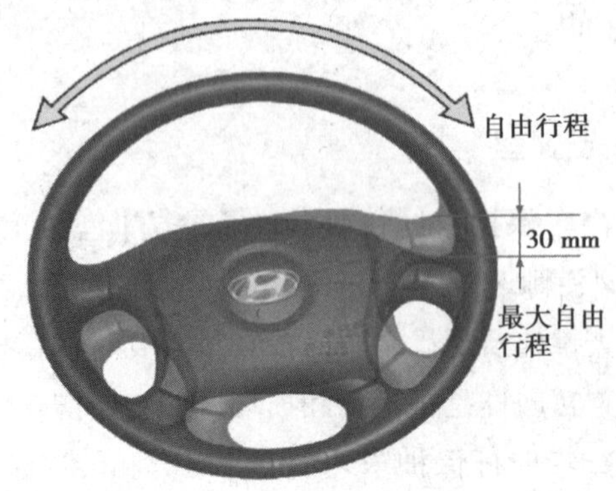

图3-4-6 测量转向盘自由行程

②向左右方向轻轻转动转向盘（图3–4–6），测量转向盘行程，标准自由行程为0 ~ 30 mm。

③如果自由行程大于标准值，应检查转向轴的连接部位和横拉杆球头的间隙。

3.检查转向角度

①将前轮置于转角盘上（图3–4–7），检查车轮转向角，最大转向时，内侧车轮转向角标准值为：40.7° ± 2°，外侧车轮转向角标准值为：32.4°。

②若超出标准值，进行前速调整后再测量转向角。

4.检查转向盘制动回位

①检查转向盘回正力时（图3–4–8），无论快慢转动转向盘，左右两侧的回正力都应相同。

图3-4-7 测量转向角

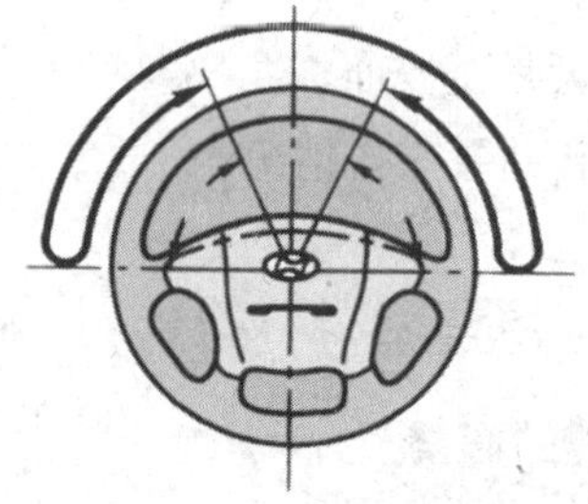

图3-4-8 检查转向盘回正力

②车速在23 ~ 30 km/h时打转向盘90° ，保持1 ~ 2 s后，放松转向盘应回到70° 以上位置，如果快速转动转向盘时可能在瞬间感到转向盘沉重，这不属于故障。

5.检查横拉杆球头预紧力

①使用专用工具拆下转向横拉杆和转向节。

②将球头销转动几次后带上螺母检查预紧力（图3–4–9）。

③规定预紧力应为：0.5 ~ 2.5 N · m，如超过应更换横拉杆球头。

图3-4-9 检查球头预紧力

6.检查动力转向油

（1）检查油面高度（图3–4–10）

①将车辆停放在平坦地面。

②启动发动机，空挡状态下转动转向盘数次，使转向油温上升到50 ~ 60 ℃。

③在发动机怠速状态下数次转动转向盘至左右极限位置。

④确认储油罐的转向油是否有泡沫或混浊。

⑤检查发动机启动后和停止后的储油罐液面之差（图3–4–11），如果油面之差超过5 mm应进行排气；熄火后，如液面迅速上升说明放气不彻底；如果系统内有空气，助力泵和控制阀会发出噪声，这将降低油泵性能。

图3-4-10 液压助力转向系统转向液面

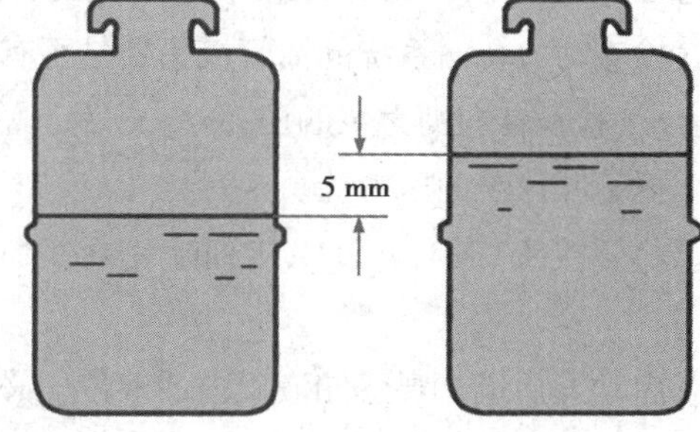

图3-4-11 动力转向油储油罐

（2）更换助力转向油

①用千斤顶支起前轮，车下放支撑凳或用举升器将车辆举升。

②从储油罐上拆下回油管，用塞子堵住储油罐。

③将回油管插到适当的容器中。

④拆开发动机高压线，启动电动机的同时反复转动转向盘到极限位置。

⑤待转向油放尽后连接回油管，用卡子固定牢靠，储油罐内加入规定型号PSF–3助力转向油，容量大约1 L。

⑥进行转向系统放气。

（3）对动力转向系统放气

①拆开发动机高压线分几次启动电动机，同时转动方向盘到极限位置5 ~ 6次（15 ~ 20 s），此时观察储油罐中的油面，不能下降到储液罐内过滤器下端，应随时加转向油。如果在怠速状态下放气，有可能空气被油吸收，因此在启动时进行放气。

②插好高压线后启动发动机。

③左右转动转向盘，直到储液罐内无气泡，转向盘在极限位置不要超过10 s。

④确认转向油是否混浊，油面高度是否高于规定值。

⑤左右转动转向盘时，确定油面高度无变化，如果有变化应重新放气。发动机熄火时油面突然上升，表明系统内有空气。如果系统有空气，从助力泵可以听到噪声，控制阀也发出异常噪声。

（4）检查动力转向油油管

要每天检查动力转向油管接头是否漏油、破裂、磨损、扭曲等。

（5）检查动力转向系统的密封性

动力转向系统密封性的检查应在热车时进行。

①将转向盘快速向左、右两侧转至极限位置，并保持不动，此时可使系统内压力达到最大值。

②目测检查转向控制阀、齿条密封、叶片泵（转向助力泵）。油管接头是否有漏油现象，如有渗漏则应更换密封件。

③检查储油罐中是否缺少转向助力油，如缺少应检查动力转向系统的密封性是否完好。

④如果动力转向器壳体中的齿轮齿条密封件不密封，助力转向油液可能流入波纹管套里，此时，应拆开转向机构，更换所有密封环。

⑤检查动力转向系统的油管接头处是否有渗漏现象，如有应查明原因并重新接好。

（6）检查转向助力泵的压力

①拆下叶片泵的压力管。

②将管接头VAG1402/1A接到叶片泵上，将检查仪器VAG1402和管接头VAG1402/2连接好。

③启动发动机，观察储液罐内的液位，必要时添加动力转向器用油。

④使发动机怠速运转，关闭阀门并读取压力值，该压力值应为8.5～9.5 MPa。

⑤如果该压力值超过了规定位，则必须更换叶片泵。

任务五　对制动系统进行保养与维护

任务说明

制动系统是保障汽车在行驶过程安全的最重要部分，制动系统的好坏决定着制动效果的好坏。在行驶过程汽车减速或者停车，在下坡路上速度保持稳定，以及让已经停止行驶的汽车保持不动，这就是所说的汽车制动。当在下雨时，路面潮湿造成轮胎与路面之间摩擦系数降低，特别在轮胎花纹有积水的情况，那么摩擦系数更加低。这个时候刹车系统就显得格外的重要。制动系统对我们行车安全至关重要，因为一旦出现问题，那么后果可能是无法挽回的。所以在平时要及时地对制动系统进行保养与维护，加以定期检查。本任务学习如何对制动系统进行保养与维护。

任务目标

- 掌握制动系统的基本工作原理；
- 掌握制动系统的保养与维护；
- 掌握日常中使用制动系统的注意事项。

必备知识

制动系统的基本工作原理

简单地讲，当我们踏下制动踏板时，踏板利用杠杆原理将踏下的力量放大（现在汽车主要是通过助力泵来加大刹车力度），经过助力泵再次放大制动力度后，接着刹车总泵将刹车油从油壶泵向ABS控制阀，控制阀再将刹车油分配给每一个刹车分泵(途径刹车油管)，刹车油推动分泵中的活塞，刹车片被活塞推向刹车盘并与之摩擦，产生热量，将车辆行驶中的动能转换成热能。这样一个过程就实现了车辆的制动。

市面上主流的民用车型，无论是盘式制动还是鼓式制动，其工作原理都是由制动摩擦片与制动盘或制动蹄片与制动鼓相互摩擦，将动能转化为热能来实现制动效果。在摩擦过程中，制动系统会产生磨损，一般来说，制动系统的磨损与车辆负重、道路状况和驾驶风格都有很大关系，越是频繁地使用制动器，制动系统的磨损幅度越大，也就更需要及时维护保养。

制动系统中大部分部件性能的优劣是与温度有十分密切的联系。制动系统中经常需要维护的基本部件有刹车片、刹车盘与刹车油。

任务实施

一、制动系统保养与维护

刹车片的更换有以下步骤：

①按要求拆下车轮，拆下防尘盖（图3-5-1）。

②旋出制动钳固定螺栓（图3-5-2）。

图3-5-1　拆下车轮

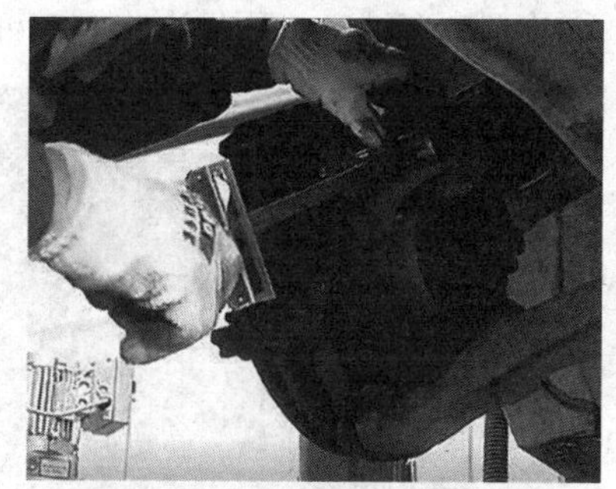

图3-5-2　拆卸紧固螺栓

③拆下制动钳壳体后，用金属线让其固定在车身上（图3-5-3）。

④从制动钳壳体上拆下摩擦片（图3-5-4）。

⑤测量其刹车片厚度不足全新刹车片的1/3时，应更换。

⑥安装刹车片。

图3-5-3 拆卸制动钳支架

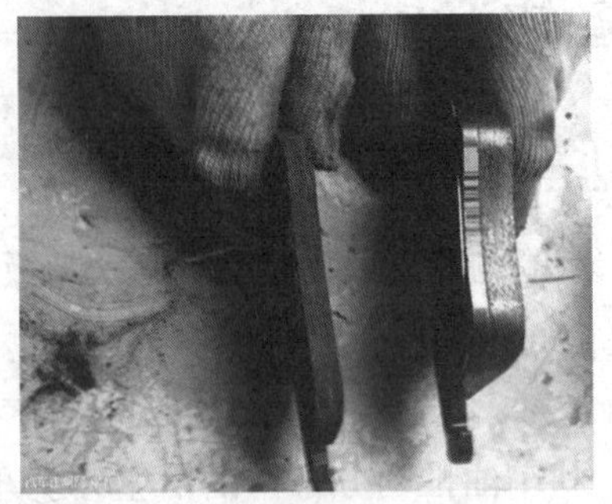

图3-5-4 对比新旧刹车片厚度

注意：一个新的刹车片厚度一般在1.5 cm左右，随着使用中不断摩擦厚度会逐渐变薄。专业的技术人员建议，当肉眼观察刹车片厚度已经仅剩原先1/3厚度(约0.5 cm)左右时，车主就要增加自检频率，准备随时更换了。当然个别车型由于轮毂设计原因，不具备肉眼查看的条件，需要拆卸轮胎才能完成。每个刹车片的两侧都有一个突起的标志，这个标志的厚度在2~3 mm，这也是刹车盘最薄更换的极限。如果刹车片厚度已经与此标志平行，则必须要进行更换。因此当刹车片厚度接近此标志的时候，车主就要随时观察准备更换了。不过在不拆卸轮胎的情况下通过肉眼很难准确观察，目前不少车型在刹车片过薄时仪表手刹灯位置会有所提示，相对自检就方便一些。

二、刹车油检查

刹车油有吸水性能。我们知道水的沸点为100 ℃，而刹车油的沸点会高于这个数值，如果刹车油里面含水，沸点变低，这样就会产生气阻，使刹车效能降低，这就是为何要定期更换刹车油。

①开启发动机前机盖（图3–5–5）。

②找到刹车油壶，用纸巾将刹车油壶擦拭干净（图3–5–6）。

图3-5-5 打开发动机舱

图3-5-6 刹车油壶

③观察刹车油液位是否处在上下线之间的标准位置（图3–5–7）。

④如果液位刻度低于下线（MIN），那么就要添加刹车油（图3–5–8）。在添加刹车油前，看清原车刹车油壶盖上的型号，务必添加与原型号相同的刹车油。

⑤将刹车油添加至标准液位，拧紧刹车油壶盖，添加过程完毕。

图3-5-7 刹车油液刻度观察

图3-5-8 添加刹车油

三、更换刹车

刹车盘（图3–5–9）属于比较耐用的部件，正常情况不需要更换，但如果遇到以下两种情况，说明需要进行更换了。

图3-5-9 刹车盘

• 正常的刹车盘表面应该是平滑的，磨损之后会出现划痕。但也不是说有一点划痕就一定需要更换，一般来说，在更换了新的刹车片之后，如果还有异响，就建议更换刹车盘了。

• 大多数刹车盘表面都会有3个小凹坑，凹坑深度一般在1.5 mm左右。如果两侧凹坑已磨损平于表面，此时建议要及时地进行刹车盘的更换，以防不测。

四、制动踏板的检查

制动踏板的检查如图3–5–10所示。

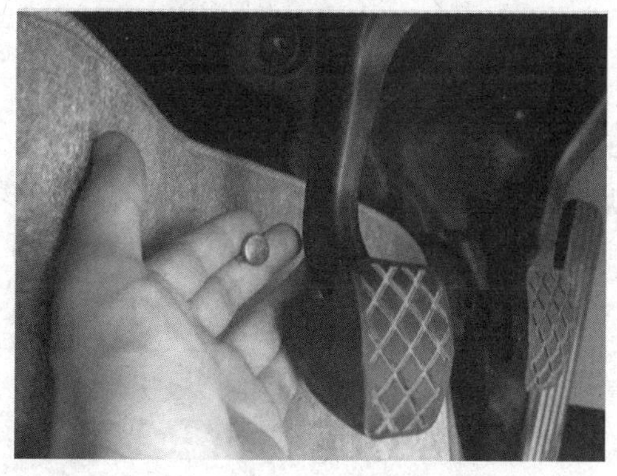
图3-5-10 制动踏板检查

踩下制动踏板时，一般都会有一段 6~20 mm的自由行程，而在自由行程之下，继续踩制动踏板时，踏板会有明显的阻力直到踩不动。如果发现踩制动踏板时，需要踩很深才能达到制动效果，前半行程的制动效果明显比以前减弱，则可以考虑检查刹车片是否变薄。如果第一脚踩踏板时需要踩很深，而第二脚又恢复了正常，并且用力踩踏板时有微弱的弹性，则可能是在制动油路中存在空气，应当及时排出制动管路中的空气。对于鼓式制动器，如果在制动踏板在踩到底时，制动踏板与驾驶室的底板距离过小，可能是制动器蹄片的间隙过大了，应该调整制动蹄片的间隙。

任务检测

一、填空题

1.手制动器按其结构不同可以分为________和________两种。

2.实验表明，车速越高，附着系数________。

3.盘式制动系的基本零件是________、________和________组件。

二、判断题

1.在加入刹车油时，不需要考虑型号对错。 ( )

2.不同车型的刹车片厚度小于1 cm都要更换。 ( )

3.刹车盘易坏，需要每个月检查一次。 ( )

4.在添加刹车油的时候，加入越多越好。 ( )

三、简答题

1.简述检查刹车片过程步骤。

2.简述加入刹车油过程步骤。

评价反思

序号	项目名称	评分细则	分值/分	得分/分
1	制动系统的基本工作原理	认识制动系统的基本工作原理	20	
2	制动系统维护与保养	刹车片更换	20	
		刹车油检查	20	
		更换刹车盘	20	
		制动踏板检查	20	
总分			100	

课后反思

1.简述制动力是如何产生的。

2.汽车制动时前轮或后轮先抱死会产生什么后果?

项目四　汽车电气设备的简单维护与保养

项目描述

汽车电气设备主要分为电源和用电设备。电源包括发电机和蓄电池；用电设备包括起动机、发动机点火系统、灯光系统、仪表显示信号报警系统、辅助电气系统等。现在的汽车电气设备越来越多，相应的电气系统的故障也随之增加。据统计，现在的汽车上大约有70%的故障是由电气系统引起的。因此，保障用电设备正常工作是保障行车安全的重要因素之一。

任务一　对蓄电池进行检查与更换

任务说明

蓄电池是汽车上的重要部件，它的功能是提供汽车起动的电能和调整发电机输出和负荷之间不平衡的状态。当发动机不工作或转速较低时，蓄电池向用电设备供电；当用电设备的用电功率大于发电机输出功率时，蓄电池与发电机携手并联向用电设备供电；当用电设备的用电功率小于发电机输出功率时，发电机向蓄电池和用电设备供电。供电系统是汽车电气中最关键的环节，蓄电池是其中重要的部件之一，它的质量好坏直接影响了汽车的运行。现在的汽车蓄电池多为12 V铅酸蓄电池，随着现代工业技术的发展，汽车蓄电池也发生了很大的变化，目前一些轿车上已广泛使用新型免维护蓄电池。本任务学习如何对蓄电池进行检查与更换。

任务目标

- 学会汽车免维护电池的检查；
- 掌握汽车免维护电池的更换方法。

必备知识

按机械行业标准《铅蓄电池产品型号编制方法》（JB/T 2599—1993）的规定，铅蓄电池型号由三部分组成，第一部分为串联单格电池数；第二部分为电池类型和特征；第三部分为额定容量。例如：6-QW-60：表示由6个单格串联，额定电压为12 V，额定容量为60 A·h的启动型免维护蓄电池，如图4-1-1所示。

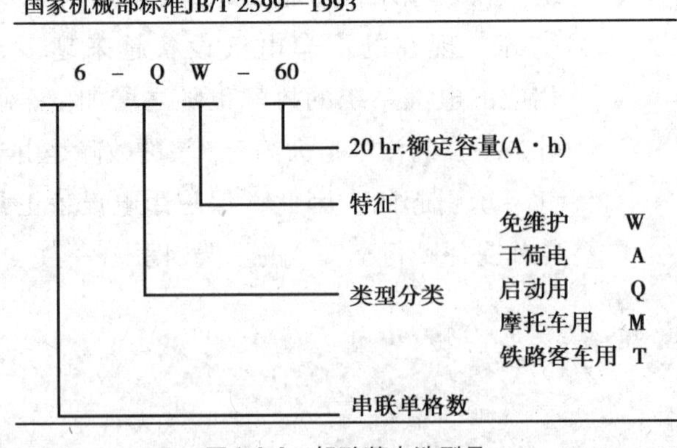

图4-1-1　铅酸蓄电池型号

任务实施

一、汽车免维护电池的检查

①观察蓄电池型号参数，检查外壳有无裂纹或破损，如图4-1-2所示。

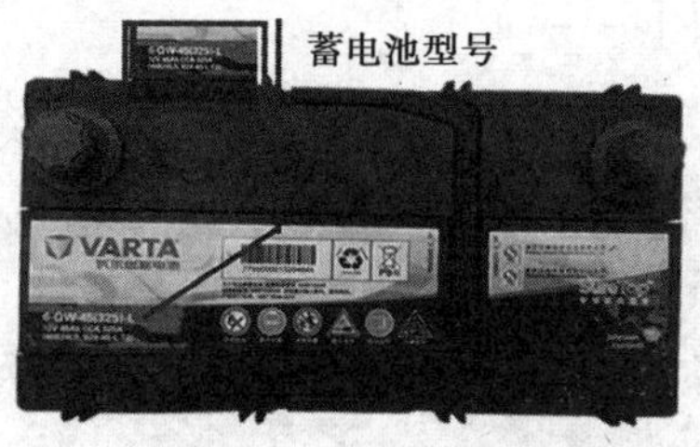

图4-1-2　蓄电池外观检查

②检查蓄电池的安装是否牢固，蓄电池安装架夹紧状态；接线柱是否松动，是否被腐蚀；连接导线是否紧固，有无破损。

③检查蓄电池的表面是否脏污，通气孔是否畅通。

④用高率放电计测量电压，如图4-1-3所示。

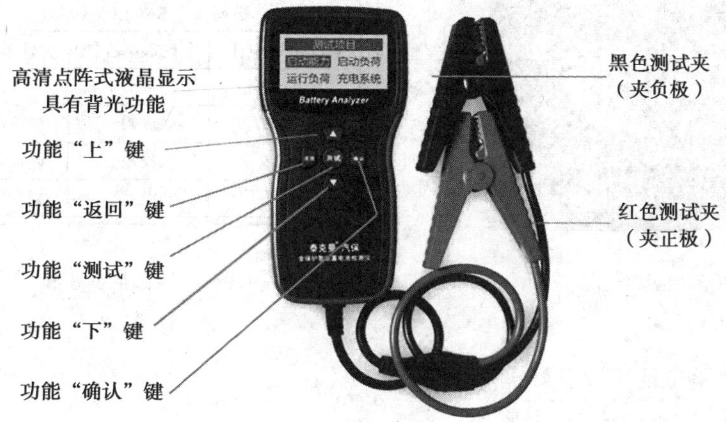

图4-1-3　高率放电计

a.将高率放电计红色线夹夹在蓄电池正极接线柱上，黑色线夹夹在蓄电池负极接线柱上。请将汽车熄火，钥匙拧到OFF挡，或拔出钥匙，将仪表线夹根据正负极性夹好蓄电池电极，仪表自动开机LWD–580 A会出现12 V/24 V电压选择界面（图4–1–4），请根据测量情况进行选择（仪表具有智能全保护功能，若误夹反电极仪表会自保护不烧表，尽可放心使用）。

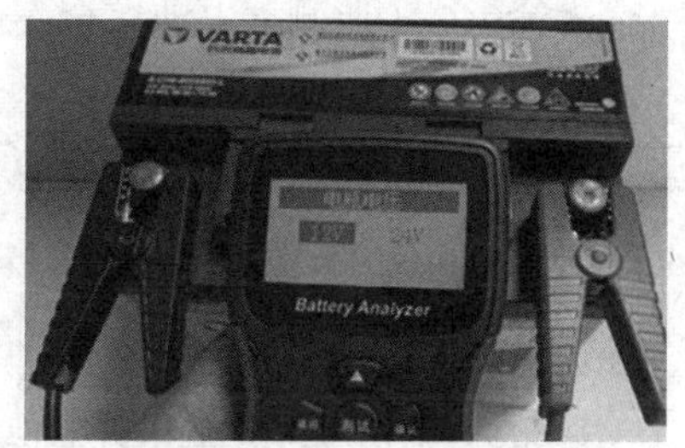

图4-1-4　高率放电计连接蓄电池

b.选择CCA（冷启动电流），按下高率放电计上的测试按钮，如图4–1–5所示（冷启动电流CCA值：在规定的某一低温状态下(通常规定在0 ℉或–18 ℃)蓄电池最大可以输出的电流值）。

在功能【电池规格】界面，根据被测蓄电池的CCA规格，按“上”“下”键进行设置。若被测蓄电池没有标注，请参考仪表背部参考说明即可。然后按测试键进行测试。

在功能【测试项目】界面选择【启动能力】，在【电瓶形式】界面选择【CCA】进口非CCA类型电瓶，请根据实际规格进行选择设置（图4-1-6）。

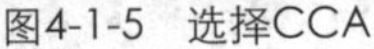
图4-1-5 选择CCA

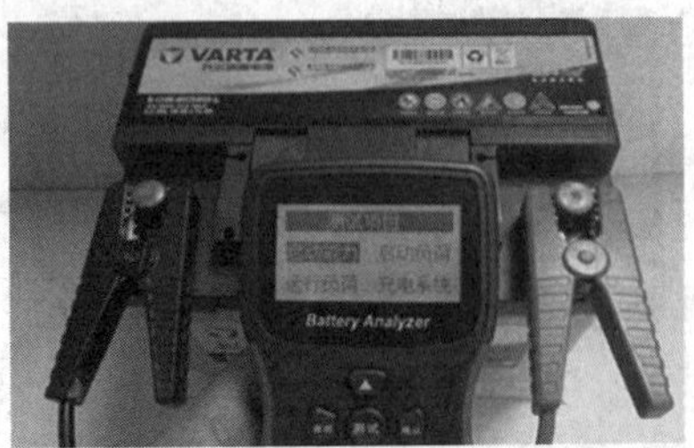

图4-1-6 选择测试项目

c.此时高率放电计上的电压表显示出电池的存电状况（图4-1-7）。

测试结果说明，以图4-1-8为例。

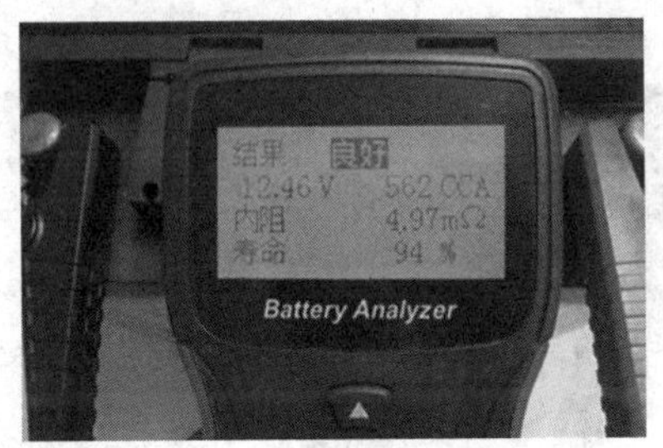

图4-1-7 检测结果

数据参考表（12 V系统）

启动电表电压	电池放电性能	处置电池
10.7 V以上	佳	不需要换
10.2~10.7 V	普通	需观察
9.6~10.2 V	较差	近日需更换
9.6 V以下	极差	需立即更换

图4-1-8 数据参考表

结果：

良好（所测蓄电池工况良好）

12.46 V（所测蓄电池工作电压）

562 CCA（所测蓄电池实际CCA）

内阻4.97 mΩ（所测蓄电池内阻值）

寿命94%（所测蓄电池综合寿命评价）

二、汽车免维护电池的更换

①使用专业设备检查车辆电池情况（图4-1-9）。

②打开发动机引擎盖和蓄电池保护罩（图4-1-10）。

③外接电源，全程不断电安装（图4-1-11）。

图4-1-9 检测蓄电池

图4-1-10 打开保护罩

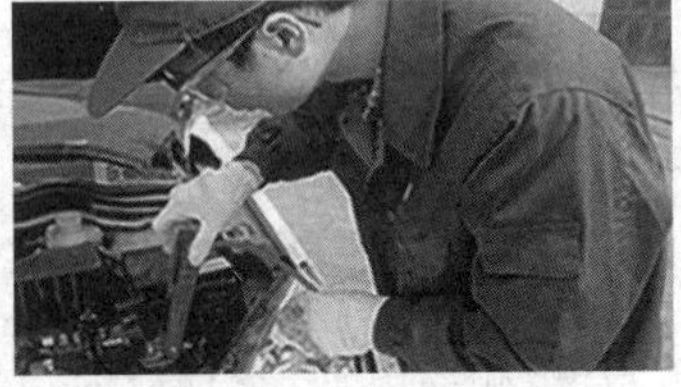
图4-1-11 外接电源

④选用10 cm套筒扳手，松开电池上固定卡，取下固定卡挂钩（图4-1-12）。

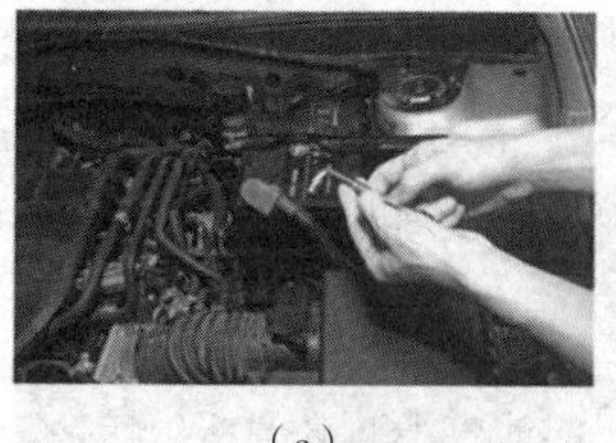
(a)

(b)

(c)

图4-1-12　取下挂钩

⑤先松开电池负极螺丝，再松开蓄电池正极螺丝（图4–1–13）。

⑥取下电池正、负极接线，确保电缆及接头放好（图4–1–14）。

图4-1-13　松开螺丝

图4-1-14　取下接线

⑦取出故障电池，旧电池进行回收（图4–1–15）。

⑧选择型号合适的新电池，准备进行安装（图4–1–16）。

图4-1-15　取出电池

图4-1-16　安装新电池

⑨将新电池放回发动机舱原来的位置（图4–1–17）。

⑩先接电池正极端柱，再接电池负极端柱（图4–1–18）。

图4-1-17　放回新电池

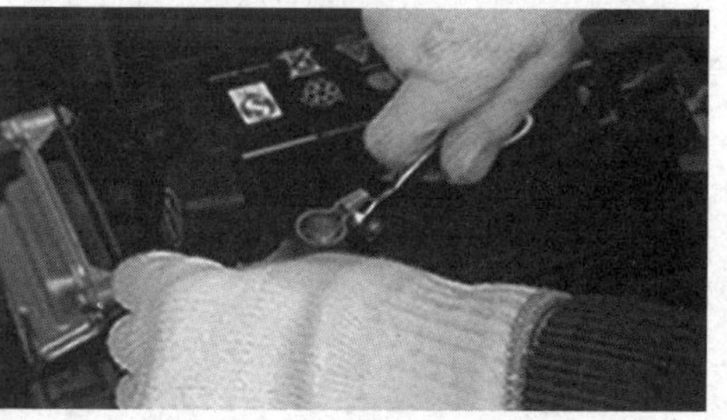
图4-1-18　连接端柱

⑪装上固定螺丝，检查各连接件是否连接固定好（图4–1–19）。

⑫清理车辆内部以及端子连接处（图4–1–20）。

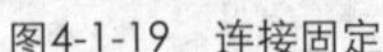

图4-1-19　连接固定

图4-1-20　清理车辆内部

⑬点火验车，安装成功，等待车主验收（图4-1-21）。

图4-1-21　等待车主验收

更换电池注意事项：

①更换前关掉车辆上的所有车用电器。

②更换过程中，防止蓄电池正、负极意外短路。

③部分车辆可进行断电操作。

④部分车辆断电后，需要重新设定行车参数。故在更换过程中保持车辆电器不断电，或要求客户携带新购电池到专业网点更换。

任务检测

一、选择题

1.甲说：在安装蓄电池连接线时，应先接蓄电池（正极）线，再接蓄电池搭铁（负极）线。乙说:在拆蓄电池连接时，要先拆搭铁（负极）线，再拆蓄电池（正极）线。你认为（　　）。

A.甲对　　B.乙对　　C.甲乙都对　　D.甲乙都不对

2.汽车上的用电设备采用（　　）方式与电源连接。

A.串联　　B.串、并联　　C.并联　　D.以上都不是

3.6–Q–90型蓄电池比3–Q–90型容量（　　）。

A.大　　B.小　　C.一样　　D.不一样

二、填空题

1.蓄电池单格电压为________V，12 V的蓄电池由________个单格组成。

2.当往车上装蓄电池时，应先接________电缆，再接________电缆，以防工具搭铁引起强烈的电火花。

3.6–QA–100型蓄电池表示：________________________________。

评价反思

序号	项目名称	评分细则	分值/分	得分/分
1	蓄电池检查	蓄电池型号的识别	10	
		清洁蓄电池表面与接线柱	5	
		蓄电池正、负极柱固定的检查	5	
		蓄电池导线的检查	10	
		蓄电池电量的检查	10	
2	蓄电池更换	蓄电池的检测	10	
		不断电检测的准备工作	10	
		工具选用，使用固定件的拆装	10	
		蓄电池电缆的拆装	10	
		蓄电池的安装	10	
3	安全文明操作	“5S”工作规范	5	
		安全操作规范	5	
总分			100	

课后反思

1.蓄电池的拆卸为什么要先拆负极？

2.蓄电池的装配为什么要先装正极？

3.为什么不用万用表检测蓄电池存电？

任务二　对发电机进行检测与更换

任务说明

汽车发电机是汽车的主要电源，其功用是在发动机正常运转时，向所有用电设备（发动机除外）供电，同时向蓄电池充电，发电机的性能直接影响到汽车充电系统的工作。目前，轿车使用的发电机几乎都是交流发电机。这是由于交流发电机与直流发电机相比，具有体积小、质量轻、结构简单、维修方便、寿命长、发动机低速时充电性能好、配用的调节器结构简单、产生的无线电干扰信号弱、能节省大量铜材等优点。因此，本任务以交流发电机为例，学习如何完成进行发电机的检测与更换。

任务目标

- 学会检查发电机皮带；
- 掌握发电机发电量的检测；
- 掌握发电机的更换。

必备知识

一、汽车发电机的结构

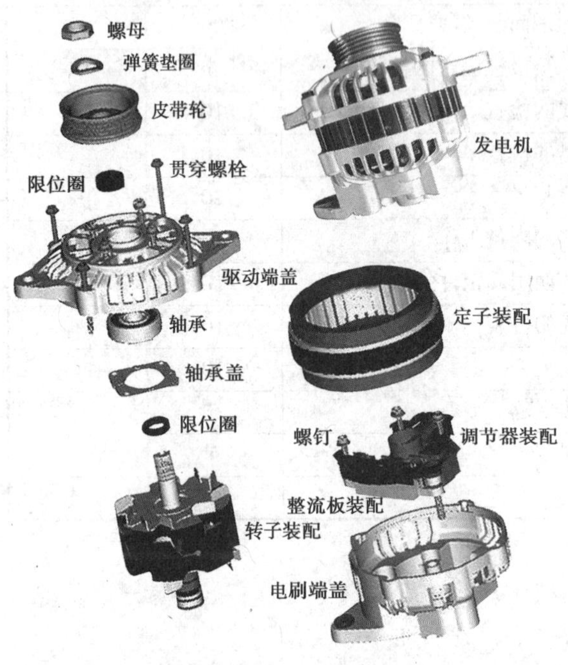

图4-2-1 发电机分解图

汽车发电机现在多为硅整流交流发电机(含三相同步交流发电机）。各个厂家生产的交流发电机都大同小异，主要由定子、转子、滑环、电刷、整流板、调节器、前后端盖、风扇及皮带轮等组成（图4–2–1）。

• 转子：接通电源后，转子绕组产生一个磁场使得转子旋转，进而在定子绕组中产生一个旋转磁场。

• 定子：绕组中产生的旋转磁场使得定子感应并输出三相正弦交流电动势。

• 整流板：主要用于将定子输出的交流电转换为直流电。

• 前后端盖：用于固定发电机，而后端盖用于支撑电刷架和整流器。

• 风扇：主要用于对发电机进行通风散热，以维持发电机一直处于高效率的工作状态下。

二、汽车发电机的型号

根据中华人民共和国汽车行业标准《汽车电器设备产品型号编制方法》（QC/T 73–93）的规定，汽车交流发电机型号组成如下（图4–2–2）。

• 产品代号：用中文字母表示，例：JF—普通交流发电机，JFZ—整体式（调节器内置）交流发电机，JFB—带泵的交流发电机，JFW—无刷交流发电机。

• 电压等级代号：用一位阿拉伯数字表示，例：1表示12 V系统，2表示24 V系统，6表示6 V系统。

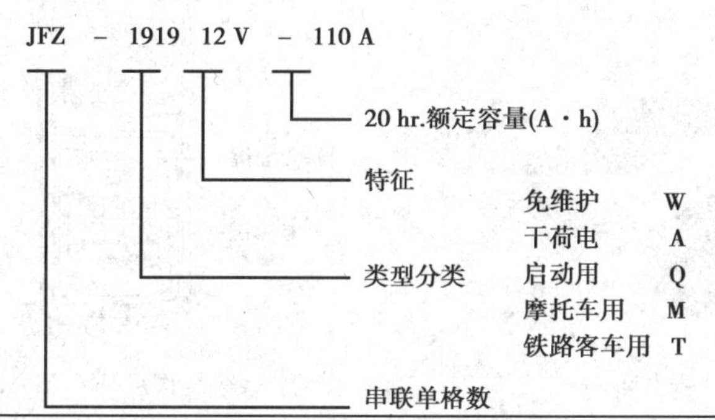

图4-2-2　汽车交流发电机型号

• 电流等级代号：见表4–2–1。

表4-2-1　电流等级代号

电流等级代号	1	2	3	4	5	6	7	8	9
电流/A	≤19	20 ~ 29	30 ~ 39	40 ~ 49	50 ~ 59	60 ~ 69	70 ~ 79	80 ~ 89	≥90

• 设计序号：按产品的先后顺序，用阿拉伯数字表示。

• 变形代号：交流发电机以调整臂位置作为变形代号，从驱动端看，调整臂在左边用Z表示，调整臂在右端用Y表示，调整臂在中间不加标记。

以图4–2–2为例，JFZ1919表示：额定电压为12 V，额定电流为≥90 A（110 A）整体式（调节器内置）交流发电机。

任务实施

一、发电机皮带的测试

1.检查皮带外观

肉眼观察皮带是否有裂纹，磨损情况如何，安装是否到位。

2.扰度的检查

用张力计对皮带进行检测（图4–2–3）。接通电源，按下电源按钮。

设定上、下限值对应“POWER”键不松手，直到显示器出现“AL1”或“AL2”才松开（图4–2–4）。从按下“POWER”键开始，约6 s出现“AL1”，约9 s出现“AL2”，这里“AL1”“AL2”分别代表设定的下限和上限。

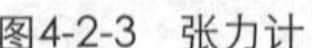

图4-2-3 张力计

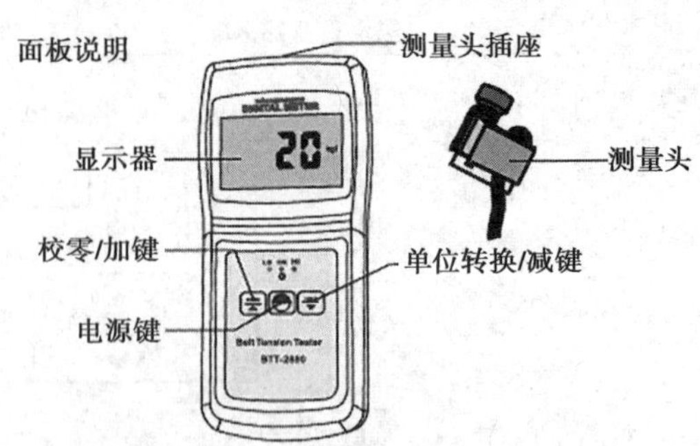

图4-2-4 张力计结构

当显示器上出现“AL1”或“AL2”时，松开POWER键，仪器进入设定状态，以前设定的报警值就会出现在显示器上。此时，通过“△”或“▽”就可重新设定新的报警值，设定好后按一下“POWER”键即可。

在测量模式下，彩色LED和蜂鸣器用来指示被测皮带的张力是高于、低于还是位于预设定值。安装皮带如图4–2–5所示，进行检测如图4–2–6所示。

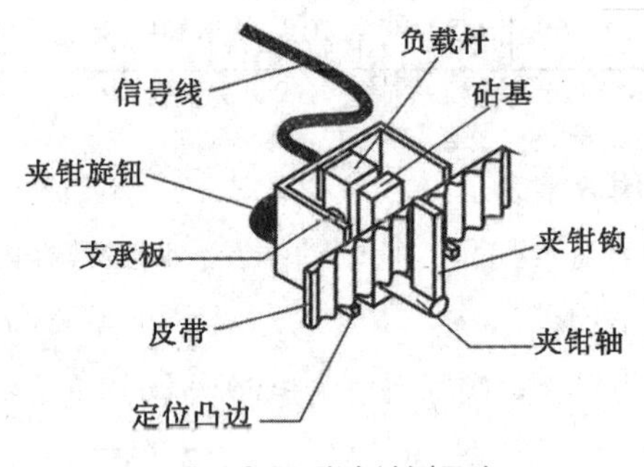

图4-2-5 张力计测量头

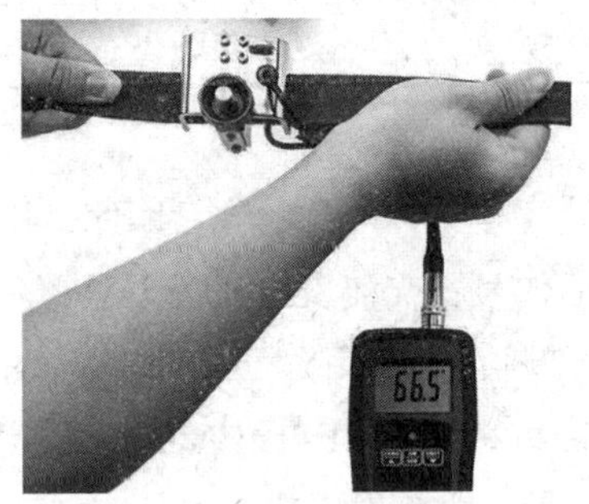

图4-2-6 进行检测

当皮带张力低于预设值，彩色LED与“LO”颜色相同，蜂鸣器发出单声；

当皮带张力位于预设值之间时，彩色LED与“OK”的颜色相同，蜂鸣器不发声；

当皮带张力高于预设值时，LED的颜色与“HI”的颜色一致，蜂鸣器发出三声。可自行改变上、下限设定值。

皮带更换的注意事项：

①在开始维修皮带前确保引擎处关闭状态。

②切忌用工具撬装皮带。

③张紧皮带以避免满载时打滑运转5 min后再次张紧。

④如果只更换皮带，请提前确保张紧轮是没有问题的，不然只换皮带容易出现皮带跑偏现象。

二、发电机的测试

1.就车检测法

启动发动机，并在怠速状态下运行，用数字万用表测量蓄电池两端的电压（图4–2–7）。

电压读数应在13.8~14.8 V（具体视调节器的设定值而定），当发电机的转速升高时，发电机输出的直流电压基本不变。

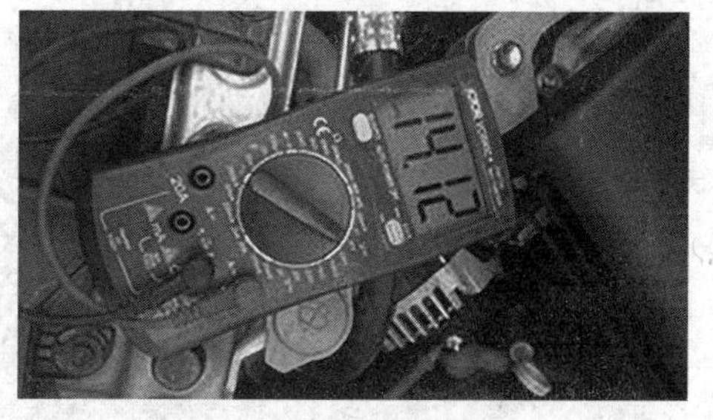

图4-2-7　测量蓄电池两端的电压

2.发电机发电的测试

①当没有万用表和直流电表时，可用试灯来检测。检测前先将发电机“电枢”接柱的导线拆下，再将试灯的一端夹住发电机“电枢”接柱，另一端搭铁。当发动机中速运转时，试灯亮度说明发电机工作正常，否则发电机不发电。

②启动发动机后，打开大灯，让发动机转速从怠速逐渐提高到中等转速，大灯的亮度若随转速的提高而增加，说明发电机工作正常，否则为不发电。

不充电的可能原因有：

- 连接导线断路、短路、连接处松动等。
- 发电机损坏，如转子或定子绕组短路或断路、电刷磨损、硅整流二极管损坏等。
- 调节器损坏或电压值太低。

三、发电机的更换

①关闭点火开关，取下钥匙（图4–2–8）。

②将电瓶帮手（图4–2–9）与车上的“OBD Ⅱ”接头连接（也可以接在点烟器上）。

图4-2-8　取下钥匙

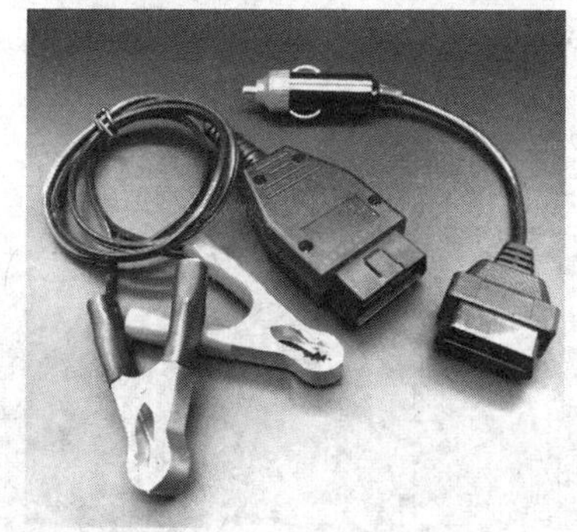

图4-2-9　连接电瓶帮手

③注意是否有一个绿灯亮，如果没亮表示接触不良，或汽车电脑断电记忆器没有侦测导电源电器（图4–2–10）。

④将电瓶帮手连接到备用电源上（图4–2–11）。

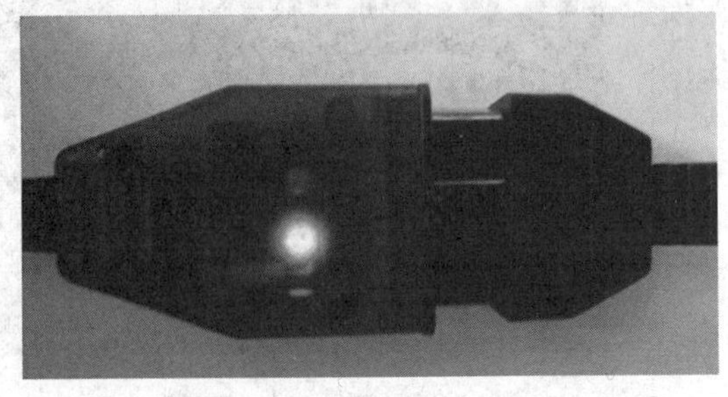

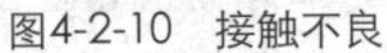

图4-2-10 接触不良

图4-2-11 连接电源

⑤注意是否亮两个绿灯，若有红灯则备用电源电量不足，请更换备用电源（图4-2-12）。

⑥关上车门，确保车内灯没有亮（图4-2-13）。车门未关会导致车内灯亮，此时消耗电量较大，易造成“OBDⅡ”接头负荷过大。

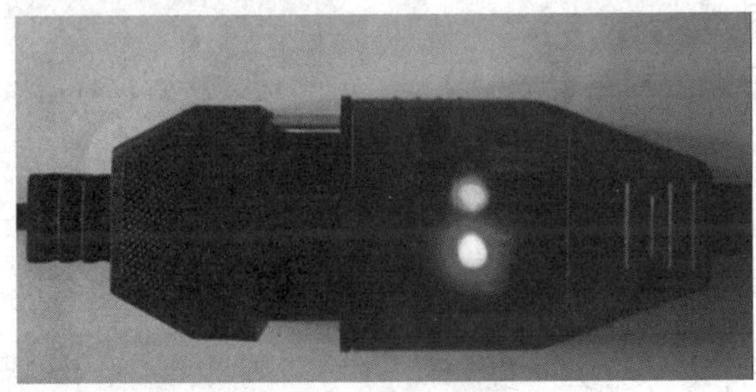

图4-2-12 电源电量不足

图4-2-13 关闭车门

⑦如果与汽车通信正常，电瓶电量充足，两个绿灯会亮，这时可以放心进行后续操作（图4-2-14）。

⑧拆下蓄电池负极搭铁线（图4-2-15）。

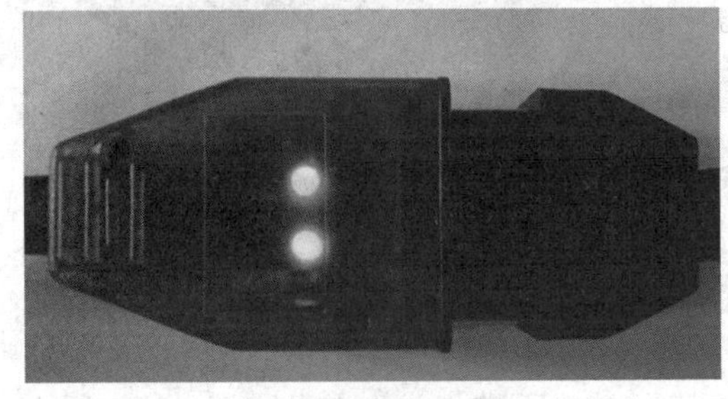

图4-2-14 通信正常

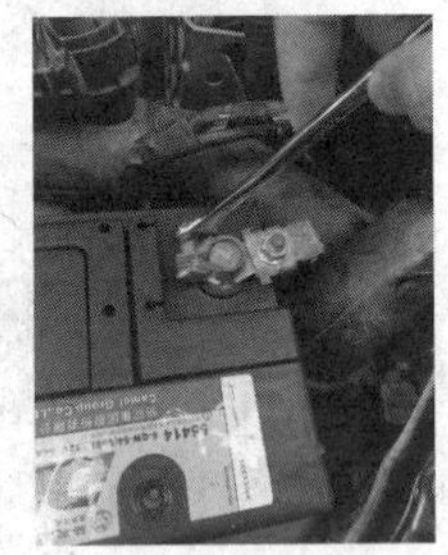

图4-2-15 拆下搭铁

⑨取下线束插头，“B^+”端子保护盖（有的车型没有）（图4-2-16）。

⑩拆下发电机“B^+”端子连接导线的紧固螺母，取下线束（图4-2-17）。

图4-2-16　取下线束

图4-2-17　拆下“B$^+$”端子

⑪松开张紧机构螺丝后（有的车型为自动张紧机构），取下传动带。取下上、下机架上的发电机紧固螺栓（图4–2–18）。

⑫取下发电机总成（图4–2–19）。

图4-2-18　松开张紧机构

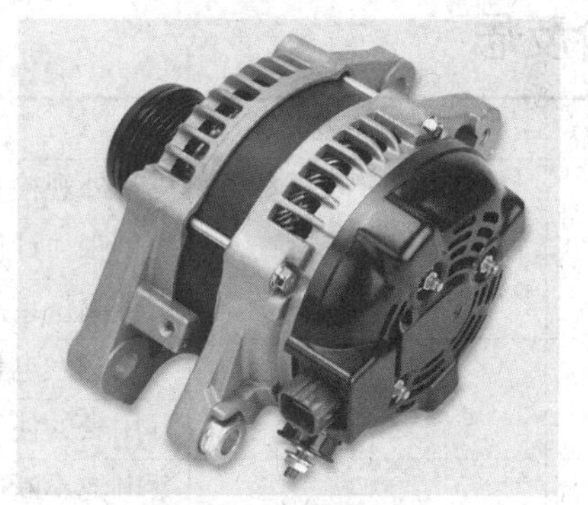
图4-2-19　取下发电机总成

⑬按相反步骤进行装复，并进行试车（图4–2–20）。

图4-2-20　装复

任务检测

一、填空题

1.三相同步交流发电机主要组成________、________、________、________、________。

2.转子总成的作用是产生________。

3.定子总成的作用是产生________。

二、判断题

1.三相同步交流发电机的作用是将交流电变为稳恒直流电。 (　　)

2.交流电机工作正常时，充电指示灯亮，工作不正常时则熄灭。 (　　)

三、选择题

1.F是硅整流发电机（　　）接线柱代号。

A.电枢　　B.磁场　　C.中性抽头　　D.搭铁

2.交流发电机的磁场绕组安装在（　　）上。

A.定子　　B.转子　　C.电枢　　D.端盖

3.交流发电机采用的励磁方式是（　　）。

A.自励　　B.他励　　C.先他励后自励　　D.先自励后他励

评价反思

序号	项目名称	评分细则	分值/分	得分/分
1	发电机皮带检查	皮带外观检查	10	
		皮带张力计使用是否正确	20	
		皮带测量结果分析	10	
2	发电机的检测	发电机发电量检测	10	
		万用表的使用	10	
3	发电机的更换	蓄电池不断电的连接	20	
		发电机拆卸工具的使用	10	
4	安全文明操作	“5S”工作规范	5	
		安全操作规范	5	
总分			100	

课后反思

为什么要进行不断电操作？

任务三　对点火系统进行检查与更换

任务说明

在当代轿车中，有好几种点火系统，但其主流是双缸同时点火系统和单缸独立点火系统。如何快速准确地断定故障点是维修人员应具备的技术要求。本任务将针对独立点火系统的检修作简要讲述。

任务目标

- 学会检查独立点火线圈；
- 学会检查火花塞；
- 掌握更换独立点火线圈的方法；
- 掌握火花塞的更换方法。

必备知识

一、独立点火线圈

独立点火方式是每一个汽缸分配一个点火线圈，点火线圈直接安装在火花塞上的顶上（见图4-3-1）。这种点火方式通过凸轮轴传感器或通过监测汽缸压缩来实现精确点火，它适用于任何缸数的发动机，尤其适合每缸4气门的发动机使用。因为火花塞点火线圈组合可安装在双顶置凸轮轴(DOHC)的中间，充分利用了间隙空间。

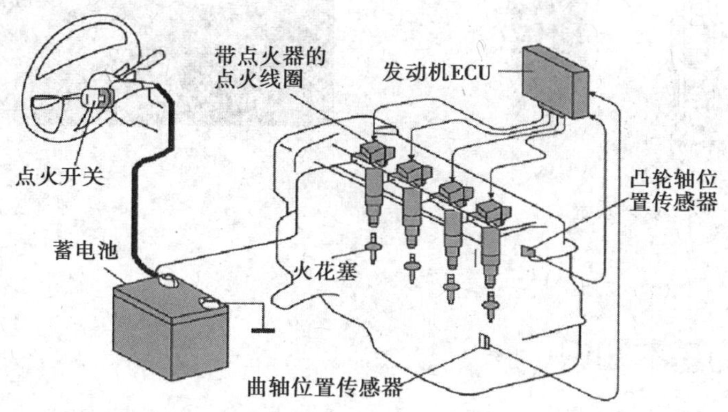

图4-3-1　单独点火

由于取消分电器和高压线，能量传导损失及漏电损失极小，没有机械磨损，而且各缸的点火线圈和火花塞装配在一起，外用金属包裹，大幅减少了电磁干扰，可以保障发动机电控系统的正常工作（见图4-3-2）。

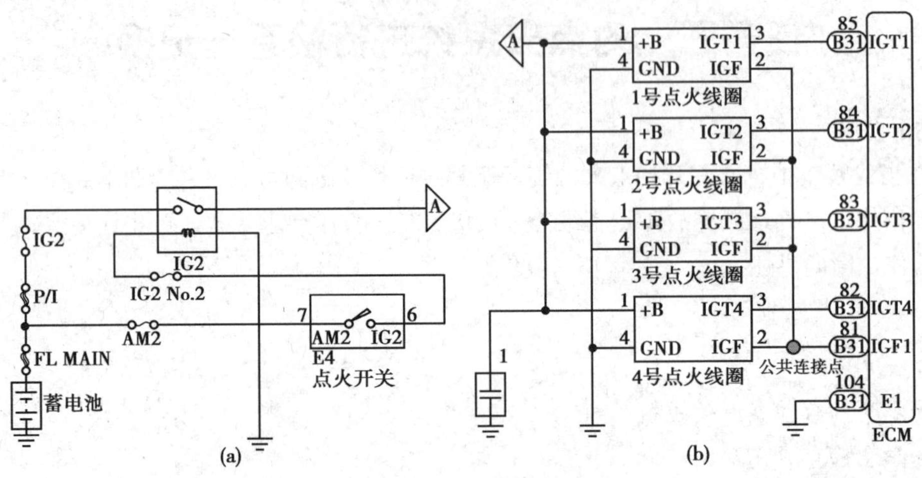

图4-3-2 点火系工作原理

点火系统主要由电源、传感器、点火模块、点火线圈以及火花塞等组成。点火线圈是点火系统的重要组成部分，主要由初级、次级线圈、铁芯、点火模块组成（图4–3–3）。

端子由端子1GND负极、端子2 IGT电脑点火信号、端子3 IGF电脑反馈信号、端子4 +B正极组成（图4–3–4）。

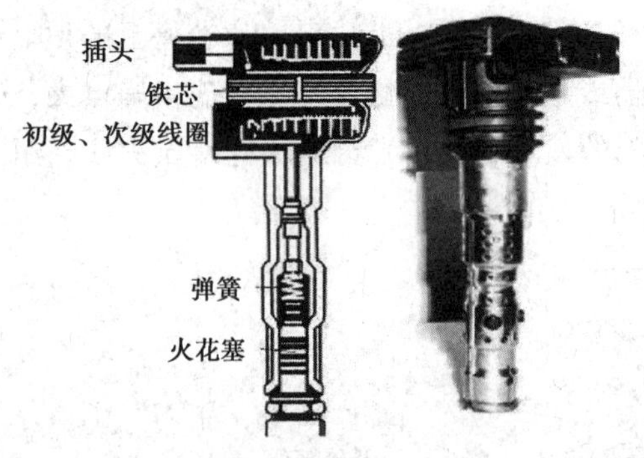

图4-3-3 点火系统

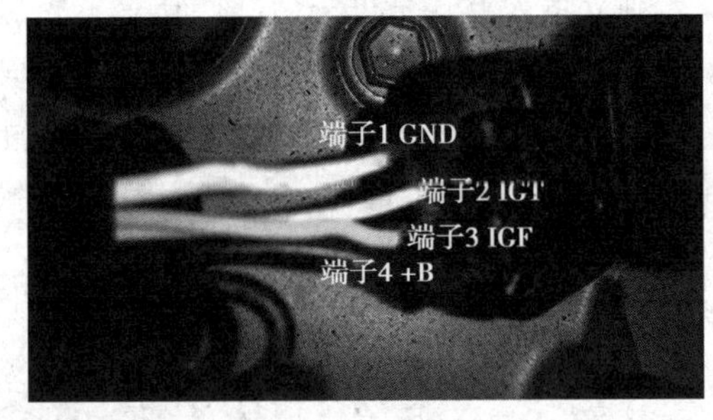

图4-3-4 端子说明

二、火花塞的基本知识

火花塞的主要功用是将点火线圈产生的脉冲高电压引入发动机汽缸，并在火花塞两电极之间产生电火花，以点燃可燃混合气。

火花塞连接在点火线圈次级绕组末端，它主要由中心电极、侧电极、陶瓷绝缘体、接线螺杆、接线螺母等组成。钢质的火花塞壳体内部固定有陶瓷绝缘体，绝缘体中心孔上有接线螺杆，接线螺杆上端有接线螺母，用来连接高压导线；绝缘体下部有中心电极（图4–3–5）。

火花塞热值根据不同型号发动机而定，在各车型的说明书中有明确规定。火花塞的热特性选用是否合适，其判断方法是：若火花塞经常由于积炭而导致断火，表示它偏冷，热值选用过高；若经常发生炽热点火而早燃，则表示火花塞偏热，热值选用过低（图4–3–6）。

端子
绝缘体
密封垫圈
中心电极
侧电极
电极间隙

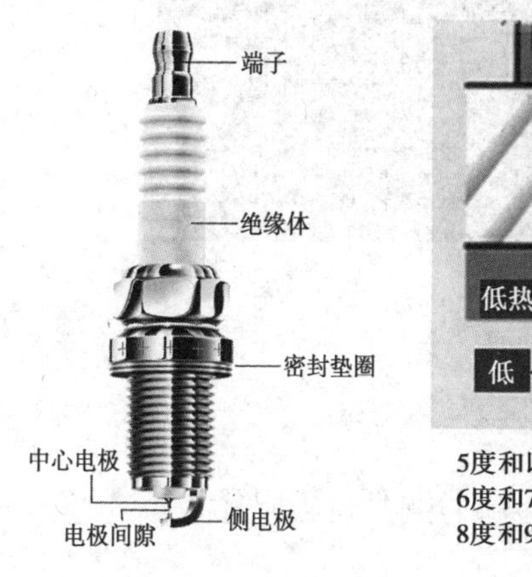

图4-3-5　火花塞

低热值
中热值
高热值
低
高
0
5
7
8
9
热值
5度和以下热值的火花塞，适合低压缩比汽缸的汽油燃料引擎使用
6度和7度的火花塞，适合以汽油为燃料的引擎使用
8度和9度的火花塞，适合油气双燃料的引擎使用

图4-3-6　火花塞热值

任务实施

一、独立点火线圈的检查方法

点火线圈的检验主要包括外部检验，初次级绕组断路、短路、搭铁检验，以及发火强度检验（见图4–3–7）。

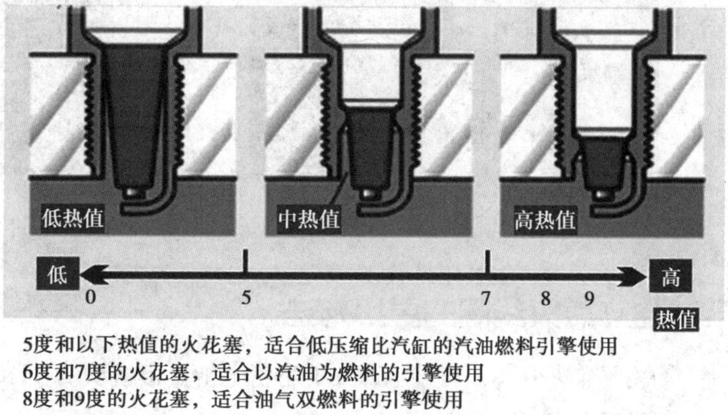

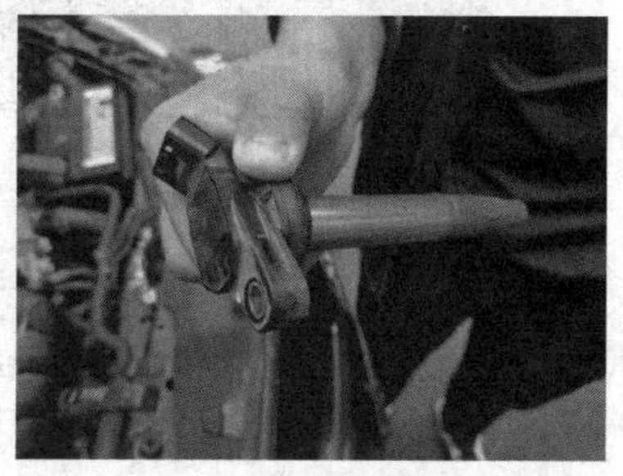

图4-3-7　点火线圈

1.外部检验

检查点火线圈的外表，若绝缘盖破裂或外壳碰裂，因容易受潮而失去点火能力，应予以更换。

2.初次级绕组断路、短路、搭铁检验

用万用表测量点火线圈的初级绕组、次级绕组以及附加电阻的电阻值，应符合技术标准（参照相应说明书）；否则说明有故障，应予以更换。

- 检查初级绕组电阻：用万用表电阻挡测量“+”与“–”端子间的电阻。
- 检查次级绕组电阻：用万用表电阻挡测量“+”与中央高压端子间的电阻。
- 检查电阻器的电阻：用万用表直接接于电阻器的两端子上。

3.解码仪示波器检测点火波形

解码仪示波器检测点火波形如图4–3–8所示。

蓝色为IGT点火信号，红色为IGF反馈信号，参照相应维修手册（见图4–3–9）。

图4-3-8 解码仪示波器

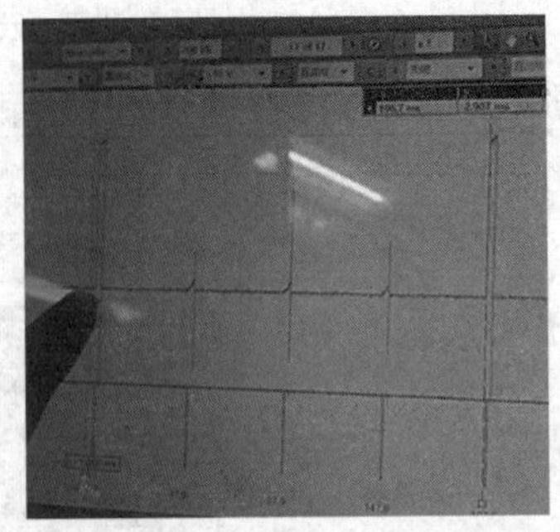
图4-3-9 点火信号

二、独立点火线圈的更换方法

①关闭点火开关，外接电源并拆下蓄电池负极搭铁。（参见任务二内容）

②取下点火线圈的插头。

③拆下固定螺栓（图4-3-10）。

④取出点火线圈（图4-3-11）。

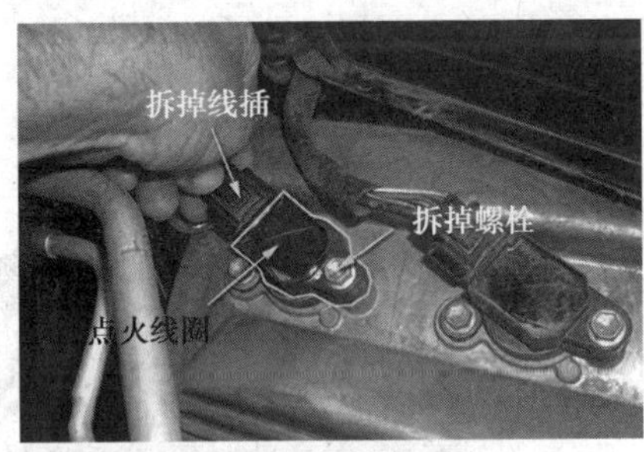

图4-3-10 拆下固定螺栓

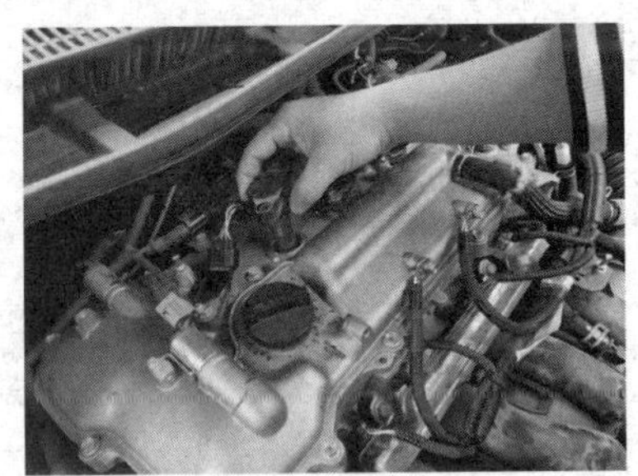
图4-3-11 取出点火线圈

⑤选用新的点火线圈按拆卸流程相反进行装复，试车。

三、火花塞的更换

①按点火线圈的更换方法，取下点火线圈后，能看到火花塞（图4-3-12）。

②选用合适专用套筒工具拆下火花塞（图4-3-13）。

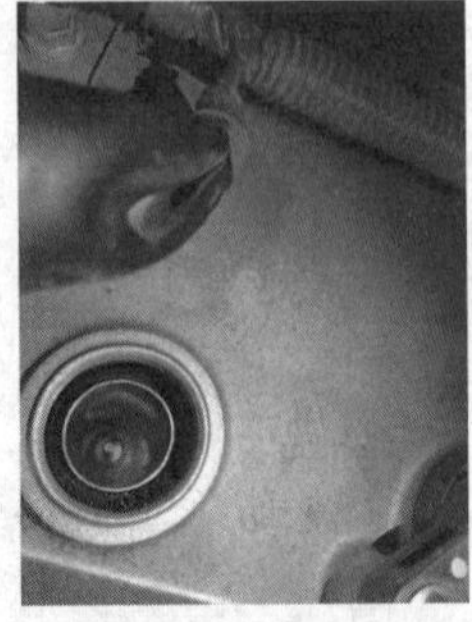
图4-3-12 火花塞

图4-3-13 拆下火花塞

③选用新的火花塞进行更换（图4–3–14）。

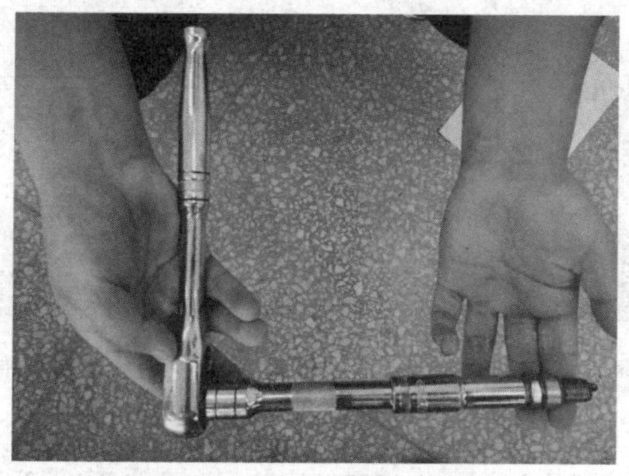

图4-3-14　更换新火花塞

④按拆卸流程相反进行装复，并试车。

四、火花塞的检查

拆下火花塞观察外观（图4–3–15），如为赤褐色或铁锈色，表明火花塞正常。如为渍油状，表明火花塞间隙失调或供油过多，高压线短路或断路。如为烟熏黑色，表明火花塞冷热型选错或混合气浓，机油上窜；如顶端与电极间有沉积物，当为油性沉积物时，说明汽缸窜机油与火花塞无关。当为黑色沉积物时，说明火花塞积碳而旁路。当为灰色沉积物时，则是汽油中添加剂覆盖电极导致缺火。若严重烧蚀，如顶端起疤、有黑色花纹破裂、电极熔化，表明火花塞损坏。

• 火花塞间隙测量：用专用量规或厚薄规检查（图4–3–16）。

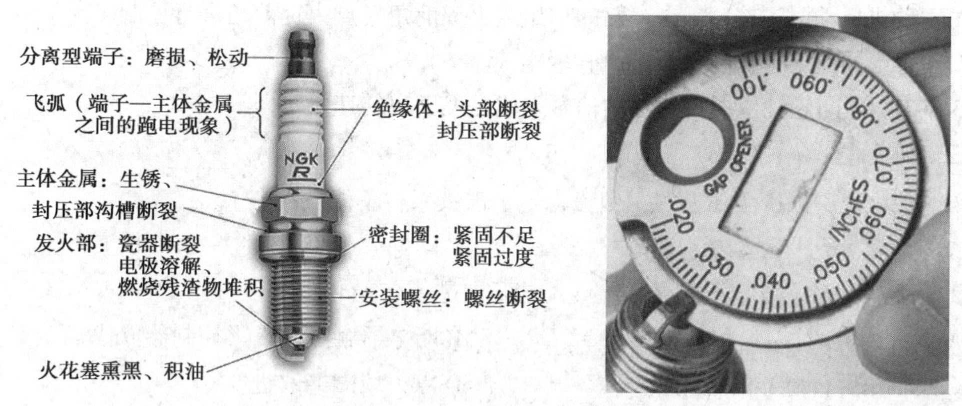

图4-3-15　火花塞结构

图4-3-16　测量火花塞间隙

• 间隙调整：应用专用工具扳动侧电极来调整，不能扳动或敲击中心电极。调整多极性火花塞间隙时，应尽可能使各侧电极与中心电极间隙一致（图4–3–17）。

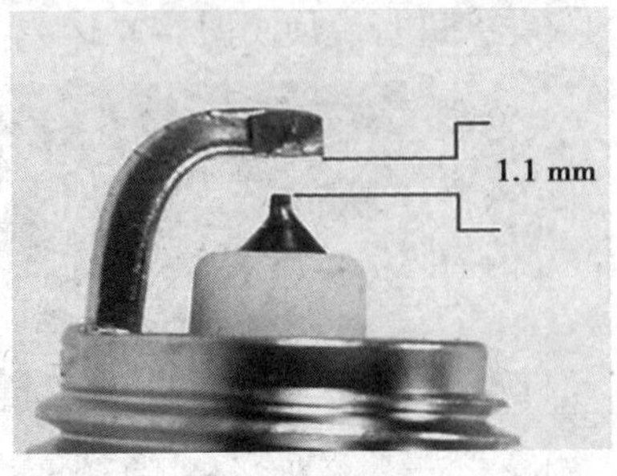

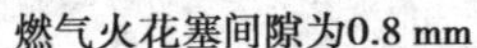

燃气火花塞间隙为0.8 mm　　汽油火花塞国际标准间隙为1.1 mm

图4-3-17　火花塞间隙

某些车型(如丰田)要求不能调整火花塞间隙，如间隙不合适则更换新的火花塞。丰田凯美瑞发动机的火花塞间隙标准值为1.0~1.1 mm，其他发动机参照相应维修手册。

任务检测

一、填空题

1.汽缸判别信号是____________产生的信号。

2.GT为__________信号，IGF为__________信号。

3.发动机正常运转时，主ECU根据发动机__________和__________信号确定基本点火提前角。

4.无分电器独立点火方式其特点是每缸有__________个点火线圈。

二、判断题

1.发动机启动时，按ECU内存储的初始点火提前角对点火提前角进行控制。（　　）

2.蓄电池的电压变化也会影响到初级电流。（　　）

3.ECU根据凸轮轴位置传感器的信号来确定发动机转速。（　　）

三、选择题

1.一般来说，缺少了（　　）信号，电子点火系将不能点火。

A.进气量　　B.水温　　C.转速　　D.上止点

2.传统点火系统与电子点火系统最大的区别是（　　）。

A.点火能量的提高　　B.断电器触点被点火控制器取代

C.曲轴位置传感器的应用　　D.点火线圈的改进

3.电子控制点火系统由(　　)直接驱动点火线圈进行点火。

A.ECU　　B.点火控制器　　C.分电器　　D.转速信号

4.点火线圈初级电路的接通时间取决于（　　）。

A.断电器触电的闭合角　　B.发动机转速

C.A、B都正确　　D.A、B都不正确

评价反思

<table>
<tr><th>序号</th><th>项目名称</th><th>评分细则</th><th>分值/分</th><th>得分/分</th></tr>
<tr><td rowspan="5">1</td><td rowspan="5">点火线圈的检查</td><td>点火线圈的外观检查</td><td>10</td><td></td></tr>
<tr><td>解码仪读取故障</td><td>15</td><td></td></tr>
<tr><td>示波器检测点火波形</td><td>15</td><td></td></tr>
<tr><td>点火线圈端子检测</td><td>10</td><td></td></tr>
<tr><td>点火线圈电阻检测</td><td>10</td><td></td></tr>
<tr><td rowspan="2">2</td><td rowspan="2">点火线圈的更换</td><td>点火线圈端子的拆除</td><td>5</td><td></td></tr>
<tr><td>点火线圈的更换</td><td>5</td><td></td></tr>
<tr><td rowspan="2">3</td><td rowspan="2">火花塞的检查</td><td>火花塞外观的检查</td><td>5</td><td></td></tr>
<tr><td>火花塞间隙的检查</td><td>5</td><td></td></tr>
<tr><td>4</td><td>火花塞的更换</td><td>火花塞专用工具的使用</td><td>10</td><td></td></tr>
<tr><td rowspan="2">5</td><td rowspan="2">安全文明操作</td><td>“5S”工作规范</td><td>5</td><td></td></tr>
<tr><td>安全操作规范</td><td>5</td><td></td></tr>
<tr><td colspan="3">总分</td><td>100</td><td></td></tr>
</table>

课后反思

1.为什么必须选择匹配型号的火花塞？

2.点火线圈的快速检测方法有哪些？

任务四　对汽车灯光进行检查与更换

任务说明

对于车辆来说，车灯就好比人的眼睛，正常的开启或关闭车灯关乎车主能否安全驾驶车辆。汽车照明系统是汽车安全行驶的必备系统之一。汽车灯具的维护十分重要，通常情况下车主自己很难意识到灯光信号装置是否仍在正常工作，因此在做汽车维护与保养时应仔细检查。本任务将学习对汽车灯光进行检查与更换。

任务目标

- 学会检查调整前照灯；
- 学会更换前照灯灯泡。

必备知识

汽车灯具的类型及用途

汽车灯具按其所处位置分为外部灯具、内部灯具；按其作用又分为信号灯具、照明灯具等，包括组合仪表指示灯、驻车灯、近光灯、远光灯、前雾灯、后雾灯、转向灯、警示灯、制动灯、倒车灯、车牌照明灯、阅读灯、化妆镜灯等。下面就车头灯（图4–4–1）、前照灯总成（图4–4–2）、后尾灯总成（图4–4–3）、仪表警告灯（图4–4–4）、仪表指示灯（见图4–4–5）部分灯具做简单介绍。

图4-4-1 车头灯

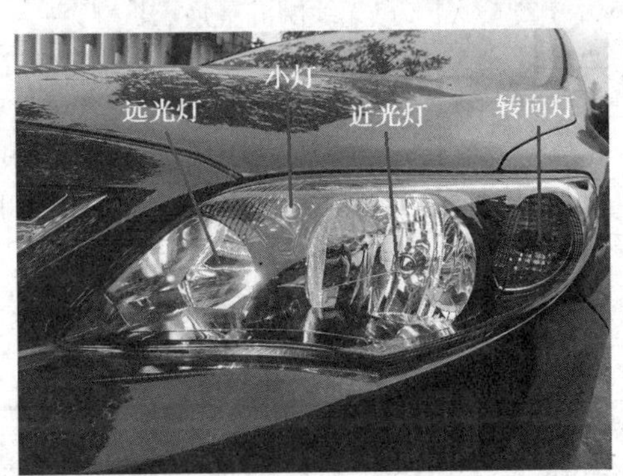

图4-4-2 前照灯总成

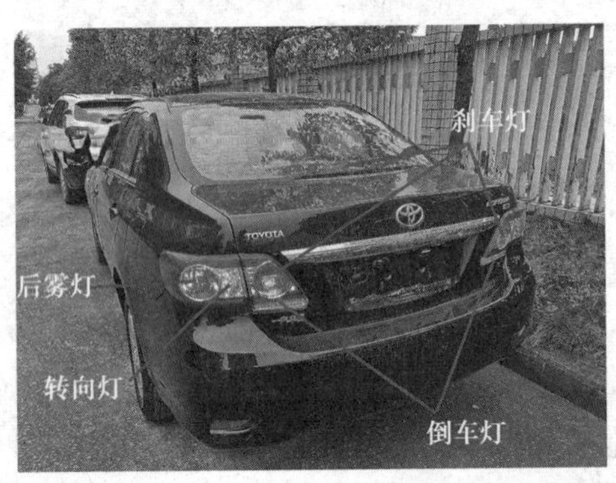

图4-4-3 后尾灯总成

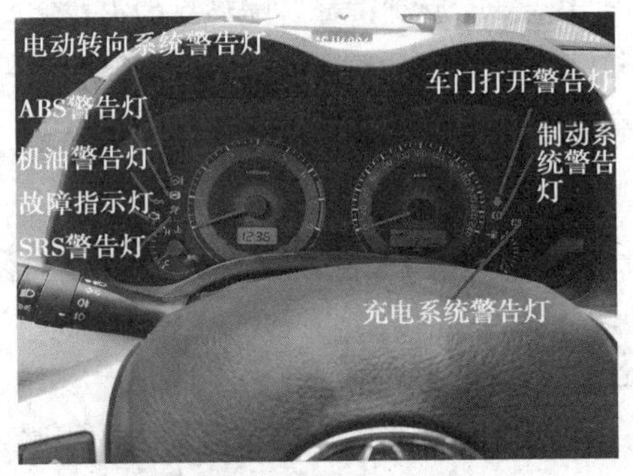

图4-4-4 仪表警告灯

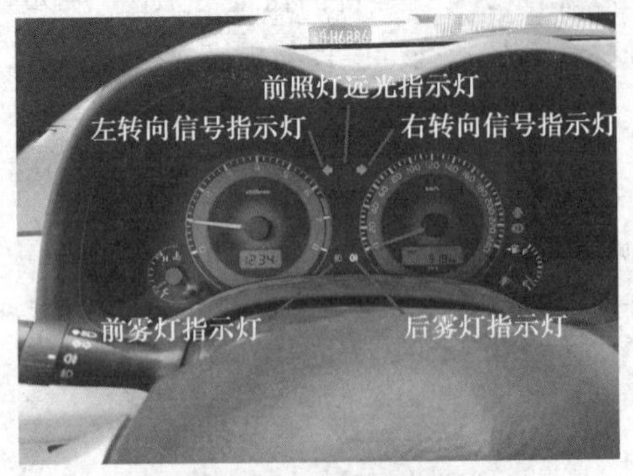

图4-4-5 仪表指示灯

任务实施

灯具的检查

1.前照灯的调整

前照灯是否进行正确的指向调整，不仅关乎实际的照射效果，也关乎车辆行驶的安全。大街上经常能看到一些车的近光灯调得很高，使对面车辆的司机产生眩光，非常影响安全。同时，如果不能正确调节车大灯指向，也会影响车大灯的照射范围，以及对路面的照射效果。即使是更换一些升级的卤素灯泡，也最好检查一下车大灯的指向是否正确。因为灯丝位置的细微变化，也会导致车大灯光型的巨大变化。下面调整汽车照明系统的方法不需要借助特殊的设备和仪器，但却能获得正确的指向照明。调整方法如下：

①保证汽车胎压正常的情况下，停在平直的路面上。车距离调整屏幕或墙壁10 m。

②调整灯光调节螺钉，使灯光明暗截止线与校验屏幕上的分离线重合，明暗截止线的拐点与中心标记重合（图4–4–6）。

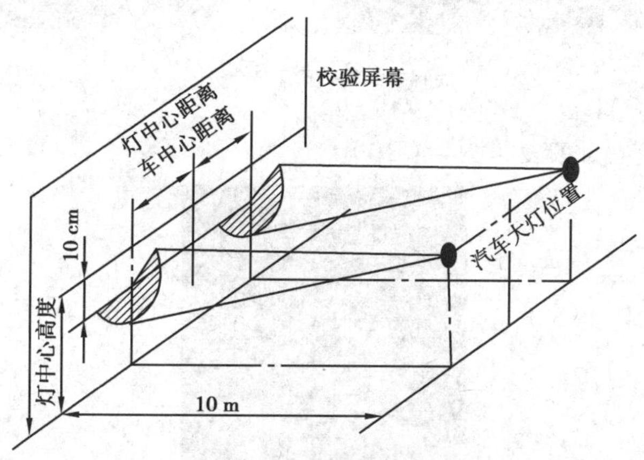

图4-4-6　汽车前照灯光束位置

③灯光调整应单灯进行，在调整其中个灯时，应该把另一个灯遮盖住，或者拔掉另一个灯的熔断丝（保险）。用螺丝刀对位置1和2进行调整（图4–4–7）。

图4-4-7　灯光调整

2.前照灯灯泡的更换

①取下防尘套及线束（图4–4–8）。

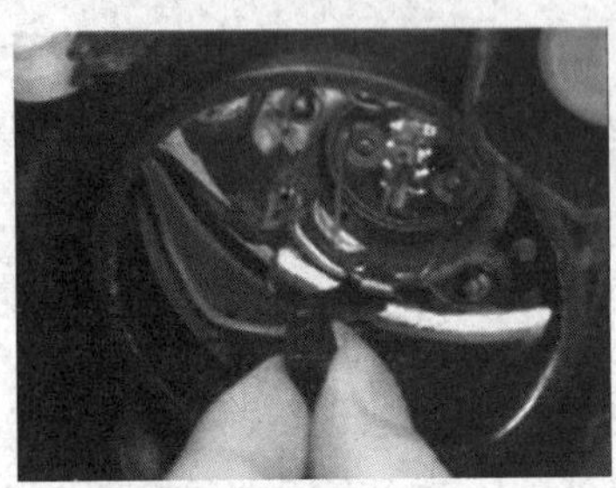

图4-4-8 取下防尘套及线束

②取下灯泡卡扣，并取下灯泡（图4–4–9）。

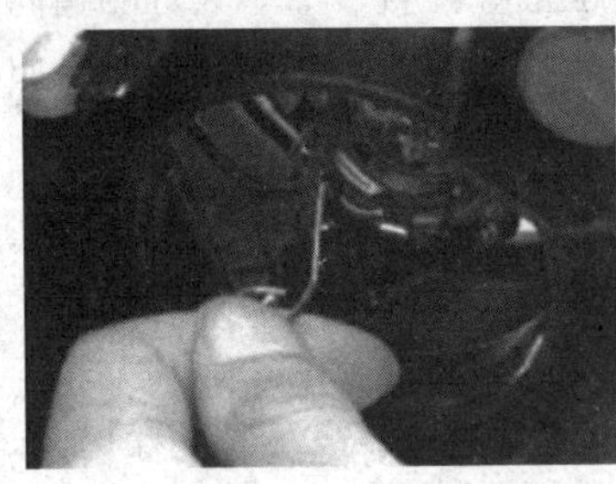
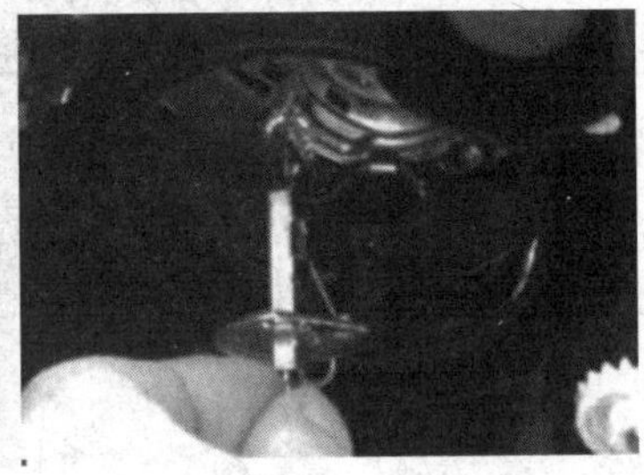

图4-4-9 取下灯泡卡扣

③换上新的灯泡，并装复（图4–4–10）。

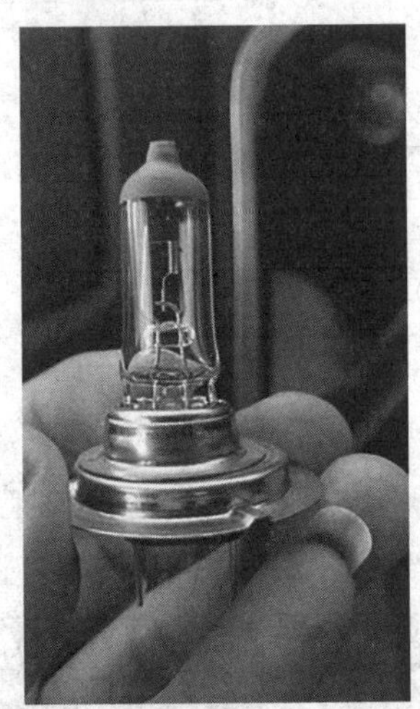

图4-4-10 新灯泡

任务检测

一、填空题

1.汽车灯光系统按照用途分为____________、____________两大类。

2.汽车转向灯兼有____________功能和____________功能。

二、选择题

1.倒车灯的灯光颜色为（　　）色。

A.红　　B. 黄　　C. 白　　D. 橙

2.下列有关某车单侧前照灯近光不亮故障检修，不正确的是（　　）。

A.检查灯光开关大灯位是否接触良好　　B.检查相应熔丝是否损坏

C.用万用表检测供电及搭铁电路是否良好　　D.观察改侧灯泡灯丝是否烧断

3.制动灯的灯光颜色应为（　　）色。

A.红　　B.黄　　C.白　　D.橙

三、判断题

1.汽车会车时采用远光灯，无对面来车时采用近光灯。（　　）

2.在调整光束位置时，对具有双灯丝的前照灯，应该以调整近光光束为主。（　　）

3.汽车上除了照明灯外，还有用以指示其他车辆或行人的灯光信号标志，称为信号灯。（　　）

评价反思

序号	项目名称	评分细则	分值/分	得分/分
1	灯光的检查	前照灯总成的检查	10	
		尾灯总成的检查	15	
		仪表警告灯的检查	15	
		仪表指示灯的检查	10	
		其他灯具的检查	10	
2	前照灯的调整	前照灯调整的标准	5	
		前照灯调整的过程	10	
3	前照灯的更换	大灯灯泡的选择判断	5	
		大灯灯泡的更换	10	
4	安全文明操作	“5S”工作规范	5	
		安全操作规范	5	
总分			100	

课后反思

1.为什么换了灯泡后要进行灯光调整？

2.汽车仪表灯表示的含义是什么？

任务五　对汽车空调进行保养与维护

任务说明

随着汽车逐渐走入人们的生活，在追求汽车安全性的同时，如今更加注重对舒适性的需求。每当炎炎夏日来临时，不管在家还是在外出行都离不开空调。正因为空调的重要性，在日常生活中更应该多注意它。那么如何让空调制冷效果更好呢？这就需要了解制冷系统的工作原理以及结构，才能更好地去进行保养与维护。本任务将学习如何对汽车空调进行保养与维护。

任务目标

- 了解汽车空调的基本组成结构；
- 了解汽车制冷系统的组成和原理，认识各种制冷系统；
- 能够运用所学到的汽车空调工作原理知识，给客户提出正确的汽车空调使用维护建议；
- 能够在老师的帮助下，完成汽车空调维护作业。

必备知识

汽车空调的基础知识

1.制冷系统工作原理（图4-5-1）

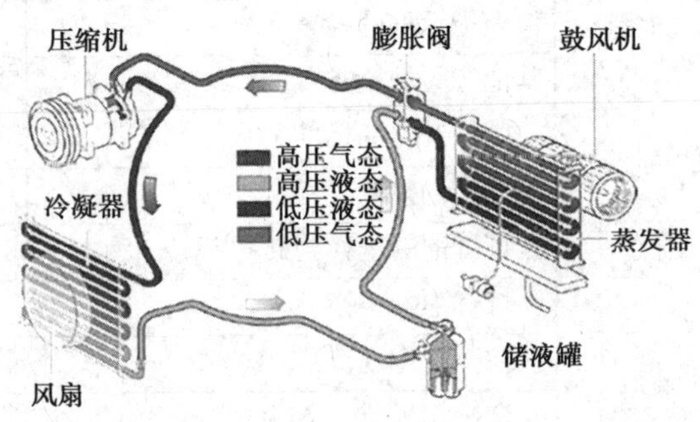

图4-5-1 制冷系统工作原理

①启动空调系统，发动机带动压缩机工作，让制冷剂R134a在空调系统中循环的流动，压缩机把气态的制冷剂压缩变成高温高压的制冷剂气体后再排出压缩机。

②高温高压的制冷剂气体流入冷凝器（散热、降温作用）后，发生变化。变成中温高压的液态制冷剂流向干燥储液器。

③高温高压液态制冷剂通过干燥的储液器后，接下来再干燥过滤后进入膨胀阀中。

④在经过膨胀阀后急剧变化成低温低压的液态制冷剂。

⑤低温低压液态制冷剂立即进入蒸发器内，在蒸发器内吸收流经蒸发器的空气热量，使空气温度降低，吹出冷风，产生制冷效果，制冷剂本身因吸收了热量而蒸发成低温低压的气态制冷剂。

⑥低温低压的气态制冷剂经管路被压缩机吸入，进行压缩，进入下一个循环，只要压缩机连续工作，制冷剂就在空调系统中连续循环，产生制冷效果；压缩机停止工作，空调

系统内制冷剂随之停止流动，不产生制冷效果。

2.空调的类别

按驱动方式分为独立式空调、非独立式空调；按送风方式分直吹式空调、风道式空调；按功能分为冷暖分开型、冷暖合一型、全功能型；按结构型分类整体式空调、分体式空调、分散式空调。

3.空调各部件功用

（1）压缩机（图4–5–2）

功用：在空调系统回路中起压缩驱动制冷剂的作用。压缩机的安装支架不得松动。

使用与保养注意事项：在车辆低速运行时或停驶状态下尽量不开空调。另外，在行车中遇到交通堵塞时，更不要为了提高制冷效果而让发动机高速运转，这样做会影响发动机和压缩机的使用寿命。如果到了不用空调的季节，也不要置之不理，应该每隔一个月左右就运转空调几分钟。

（2）冷凝器（图4–5–3）

功用：冷凝器是将从压缩机出来的高压、高温的制冷剂，冷却成高压、低温液体，然后经过毛细管汽化后，去蒸发器中蒸发。

图4-5-3 冷凝器

图4-5-2 压缩机

使用与保养注意事项：保持冷凝器表面的洁净对于保证整个空调系统正常工作是至关重要的。因此，为防止油污、灰土或其他杂物附在冷凝器上，应该经常对冷凝器进行清洗。

清洗时需注意：不要使用高压水枪，高压水枪容易打坏散热翅片、损伤管子，因而降低散热效果；另外，还要对冷凝器和散热器之间的缝隙进行清理，如果这里被杂物堵塞，严重情况下会造成发动机水温过高，使制冷效果下降。

（3）蒸发器（图4–5–4）

功用：将经过节流装置减低了压力的制冷剂，在蒸发器中吸收车室内的热量蒸发为制冷剂气体，再进入压缩机中进行循环，使车厢内空气放出热量而降温。

使用与保养注意事项：在蒸发器的进风口处的空气滤网应定期清洗，防止车内的灰尘、杂物吸附在空气滤网上而阻碍空气流通，造成冷气不足，影响制冷效果。另外，保证排水道畅通也很重要，否则造成排水道冻结，严重时也会造成蒸发器的损坏。

（4）储液干燥器（图4–5–5）

功用：一个储存制冷剂及吸收制冷剂水分、杂质的装置。一方面，它相当于汽车的油箱，为泄露制冷剂多出的空间补充制冷剂；另一方面，它又像空气滤清器那样，过滤掉制冷剂中掺杂的杂质。储液干燥器中还装有一定的硅胶物质，起到吸收水分的作用。

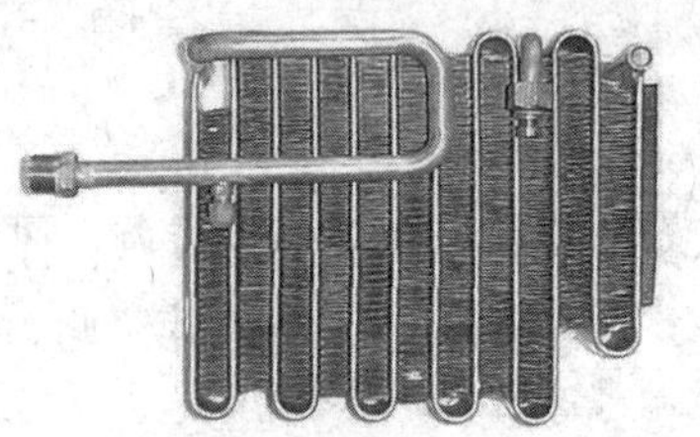

图4-5-4 蒸发器

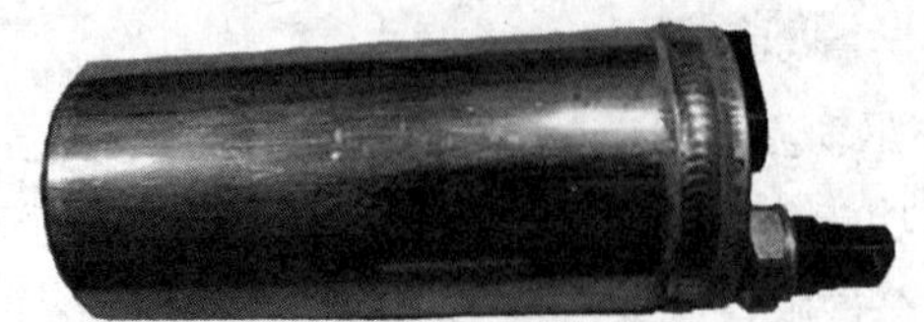
图4-5-5 储液干燥器

使用与保养注意事项：储液干燥器的使用期限一般为两年，因为储液干燥器内的干燥剂使用两年左右就会失效，如果不及时更换，干燥剂过饱和地吸收了水分，干燥包容易爆裂，干燥剂粉末就会堵塞管路，造成空调系统瘫痪。所以每次拆开管路进行修理或清洗时，一定要更换新的储液干燥器。

（5）空调管路、接头（图4–5–6）

功用：输送、储存制冷剂。

使用与保养注意事项：为了方便安装，空调系统中有很多胶皮高压软管，在日常检查保养空调系统时，要检查空调系统的软管有无磨损、老化现象。如果这些软管有磨损、老化严重，必须及时更换，并排除软管磨损部位的障碍，防止再次磨损。还要检查各管路接头是否有油污，如果有油污说明该部位有泄漏，应及时进行维修。在重新安装管路接头时，一定要使用新的专用密封圈，并且先在密封圈上涂抹少许冷冻机油，以保证顺利安装并提高密封效果。

（6）膨胀阀（见图4–5–7）

功用：把来自储液干燥器的高压液态制冷剂节流减压，调节和控制进入蒸发器中的液态制冷剂量，使之适应制冷负荷的变化，同时可防止压缩机发生液击现象（即未蒸发的液态制冷剂进入压缩机后被压缩，极易引起压缩机阀片的损坏和蒸发器出口蒸气异常过热）。

使用与保养注意事项：一般情况下，在进行空调管路的清洗时，最好能同时更换膨胀阀，以防止再次堵塞管路。另外，不管采用哪种膨胀阀，都不允许自行调整膨胀阀的开度。

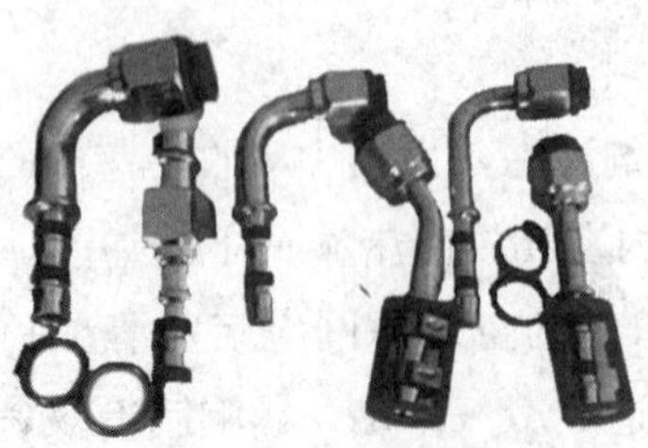
图4-5-6 空调管路、接头

图4-5-7 膨胀阀

任务实施

一、汽车空调系统保养检查方法

1.直观检查（图4-5-8）

①检查空调出风口的出风量，如果出风量不足，检查进风滤清器，如有杂物应清除。

②听压缩机附近是否有非正常的响声，如果有，则检查压缩机的安装情况。

③检查冷凝器散热片上是否有脏物覆盖，如果有，应将脏物清除。

④检查制冷循环系统的各连接处是否有油渍，如果有油渍，说明该处有泄漏，应紧固该连接处或更换该处的零件。

⑤将鼓风机开至低、中、高挡，听鼓风机处是否有杂音，检查鼓风机是否运转正常，如果有杂音或运转不正常，应更换鼓风机（鼓风机进入异物或安装有问题也会引起杂音或运转不正常，所以在更换之前要仔细检查）。

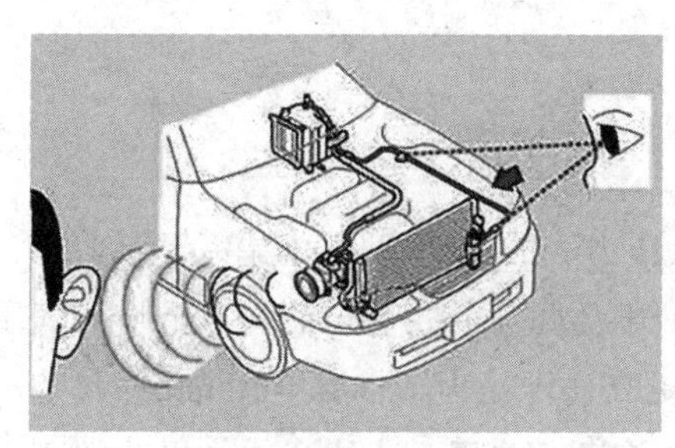

图4-5-8　直观检查

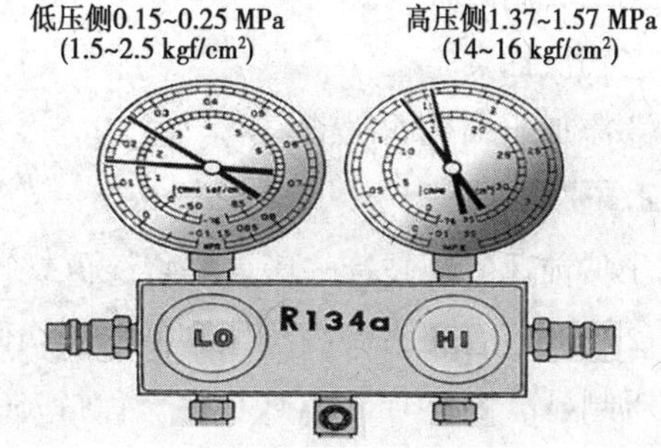

图4-5-9　压力表

2.检查制冷系统的压力（图4-5-9）

技术标准：R134a空调系统压力正常范围，表读数：低压侧为0.15～0.25 MPa（1.5~2.5 kgf/cm^2），高压侧为1.37～1.57 MPa（14~16 kgf/cm^2）。

R12空调系统正常工作压力范围，表读数：低压侧为0.15～0.20 MPa，高压侧为1.45～1.50 MPa。

3.检查制冷剂的泄漏（图4-5-10）

汽车空调系统工作环境比较恶劣，其制冷系统一直随汽车工作在振动的工况之下，极易造成部件、管道损坏和接头松动，使制冷剂发生泄漏。另外每次拆装或检修汽车制冷系统管道、更换零件之后也需要在检修拆装的部位进行制冷剂的泄漏检查。

4.空调制冷功能的检查（图4-5-11）

①将车放在阴凉处。

②预热发动机到正常温度，将车门全开，气流选择为面部出风，进风选择为内循环，鼓风机速度选择最大，温度选择最冷；在发动机转速为1 500 rpm的情况下开启A/C开关，5～6 min后测试进风口的湿度和温度及出风口的温度。测得的各个参数要符合标准范围。

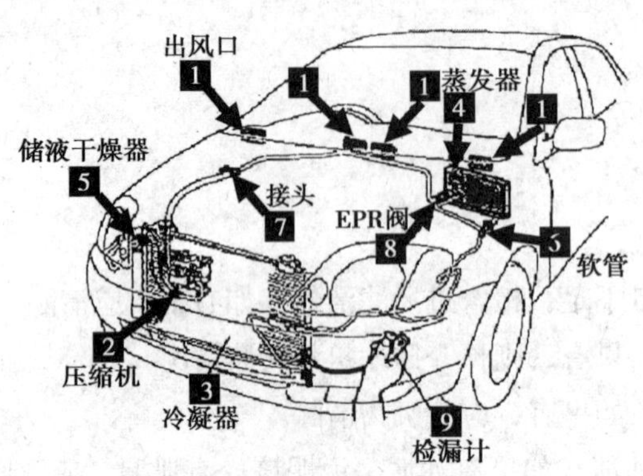

图4-5-10 检查制冷剂的泄漏位置

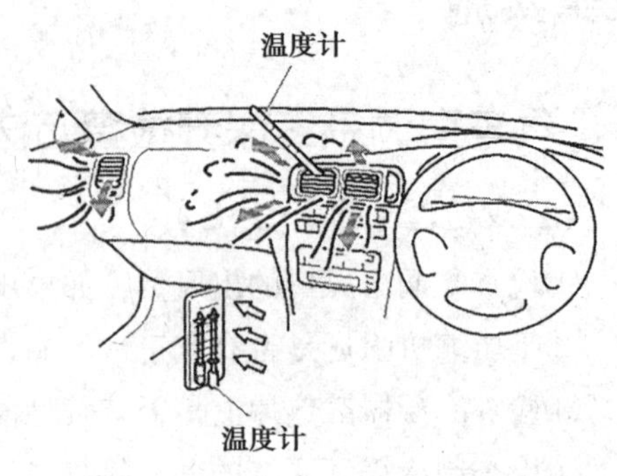

图4-5-11 温度计的使用

二、汽车空调制冷剂更换

1.首次抽真空

①回收制冷剂。

②初次抽真空。

③添加压缩机润滑油。

2.再次抽真空

①按前述安装歧管气压表，将绿色软管的一端接压力表的中部，另一端接真空泵。

②打开歧管压力表高压侧和低压侧两侧的阀门，开启真空泵抽空，抽真空至歧管气压表低压侧显示为750 mmHg或更高，保持750 mmHg或更高显示压力，抽真空10 min。

③关闭歧管气压表高压侧和低压侧两侧的阀门，关闭真空泵。（注意：如果关闭真空泵时两侧的阀门（高压侧和低压侧）都开着，则空气会进入空调系统）

④检查系统密封性：真空泵停止后，高压侧和低压侧两侧的阀门关闭5 min，歧管气压表的读数应保持不变。提示：如果显示压力增加，则有空气进入空调系统，检查O型圈和空调系统的连接状况。（注意：如果抽真空不足，空调管道内的水分会冻结，将阻碍制冷剂的流动并导致空调系统内表生锈）

3.安装制冷剂罐

①连接阀门和制冷剂罐，检查加注罐连接部件的盘根，逆时针转动手柄升起针阀，逆时针转动阀盘并将其升起。（注意：要在针阀升起前安装加注罐；否则针阀会插入加注罐，从而导致制冷剂泄漏）把阀门旋进加注罐直到和盘根紧密接触，然后紧固阀盘以卡住阀门。（注意：不要顺时针转动手柄；否则针将插进加注罐，从而导致制冷剂泄漏）

②把加注罐安装到歧管气压表上完全关闭歧管气压计低压侧和高压侧的阀门；把制冷剂罐安装到歧管压力计中间的绿色加注软管；顺时针转动手柄直到针阀在制冷剂罐上钻个孔；逆时针转动手柄退出针阀；按下歧管压力计的空气驱除阀放出空气直到制冷剂从阀门释出。（注意：如果用手按下气体驱除阀，释放出的空调气体就会粘到手上等处，从而冻伤，因此要用螺丝刀等按住阀门）

4.从高压侧加注制冷剂

发动机不工作时，打开高压侧阀门加入制冷剂直到低压表到大约0.98 MPa（1 kg/cm^2）；加注后，关闭阀门。（注意：一定要让压缩机工作，空调压缩机运行时，不从低压侧加注将导致空调压缩机缺油拉伤；也不要打开低压侧阀门，制冷剂在空调压缩机内通常为气体状态，如果从高压侧加注而低压侧阀门开着，液态制冷剂进入低压侧，此时若空调压缩机开始工作就会出现损坏）

5.检查漏气

用电子检漏器按步骤检查系统的漏气情况。

6.从低压侧加注制冷剂

关闭高压侧阀门后，启动发动机并运行空调，打开歧管压力计，计入规定量的制冷剂。加注条件：发动机转速为1 500 r/min；鼓风机速度控制开关处于高位；A/C开关开；温度选择器为最凉；完全打开所用车门。提示：加注量随车型不同而不同，因此应参照相关的说明书。（注意：低压侧加注制冷剂时，制冷剂罐倒置将使制冷剂以液态进入压缩机。压缩液体将损坏压缩机；不要加注过量，否则将导致制冷不足；更换加注罐时，关闭高低压两侧的阀门；更换后，打开驱气阀，从中部的软管（绿色）和歧管压力表中放出空气；发动机工作时，不要打开高压侧的阀门，这将导致高压气体回流至加注罐，并造成破裂。）根据歧管压力表的压力检查制冷剂的加注量：在制冷剂加注量达到规定量时，歧管压力表的压力也应达到规定值，其规定的压力分别是低压侧：0.15~0.25 MPa（1.5~2.5 kgf/cm^2）；高压侧：1.37~1.57 MPa（14~16 kgf/cm^2）。提示：歧管压力计所示压力随外部空气温度而轻微变化。制冷剂加注量符合要求后，关闭低压侧阀门并关闭发动机；把歧管压力表从车辆侧维修阀门和制冷剂罐阀门上拆掉。提示：歧管压力计所示压力随外部空气温度而有轻微变化；外部温度高时，加注制冷剂困难，可用空气或冷水降低冷凝器的温度；外部温度低时，可用温水加热制冷剂罐，这样可使加注比较容易。

7.检查制冷剂的加注量是否合适，空调系统运转是否正常

通过观察孔检查加注量、检查漏气和空调制冷状况。

三、处理制冷剂时应注意的安全问题

①不要在密闭的空间或靠近明火处处理制冷剂。

②必须戴防护眼镜。

③避免液体的制冷剂进入眼睛或溅到皮肤上。

④不要将制冷剂的罐底面向人，有些制冷剂罐底有紧急放气装置。

⑤不要将制冷剂罐直接放在温度高于40 ℃的热水中。

⑥如果液体制冷剂进入眼睛或碰到皮肤，不要揉，要立即用大量的冷水冲洗，且要立即到医院找医生进行专业处理，不要试图自己进行处理。

任务检测

一、填空题

1.在冷凝器内，制冷剂从________变成________。

2.冷冻机油的作用有________、________、________及________。

3.在蒸发器内，制冷剂从________变成________。

二、判断题

1.蒸发器的作用是将液态制冷剂吸热汽化成气态制冷剂。（　　）

2.恒温膨胀阀是一种不能调节流量的节流设备。（　　）

3.汽车空调制冷剂能够混用。（　　）

三、简答题

1.简述汽车空调制冷系统的组成。

2.简述汽车空调制冷系统的工作原理。

评价反思

序号	项目名称	评分细则	分值/分	得分/分
1	汽车空调的基础知识	制冷系统工作原理	5	
		认识压缩机	5	
		认识冷凝器	5	
		认识蒸发器	5	
		认识储液干燥器	5	
		认识空调管路、接头	5	
		认识膨胀阀	5	
2	汽车空调系统保养检查方法	直观检查	5	
		检查制冷系统的压力	5	
		检查制冷剂的泄漏	5	
		空调制冷功能的检查	5	
3	安全文明操作	首次抽真空	5	
		再次抽真空	5	
		安装制冷剂罐	5	
		从高压侧加注制冷剂	5	
		检查漏气	5	
		从低压侧加注制冷剂	5	
4	处理制冷剂时应注意的安全问题	注意事项	15	
总分			100	

课后反思

使用制冷剂时应该注意什么？

任务六　对车内设备进行检查

任务说明

辅助电器、室内设施及随车工具检查是新车检查的基本操作项目之一，也是提高在汽车行驶中的娱乐性和舒适性，同时，当发生突发事件时，保证车辆周围的安全。本任务主要学习仪表警告灯及室内照明灯的检查；室内相关设施（座椅、安全带喇叭和方向盘）的检查。

任务目标

- 了解车内设备检查的重要性；
- 了解室内相关设施的检查；
- 熟悉各辅助电器车内设备的检查方法。

必备知识

点火开关共有4个位置：“LOCK”“ACC”“ON”及“START”，如图4-6-1所示。

图4-6-1　点火开关位置

- “LOCK”挡位：只有在此位置，方可插入或拔出钥匙。转动钥匙时，先确认换挡操作杆处于“P”挡，后将钥匙稍微推入转动。如果方向盘被锁死，此时，在转动钥匙的同时，应用力将方向盘打向左边或右边。
- “ACC”挡位：在此位置时，可以使用音响系统和点烟器。
- “ON”挡位：开车时钥匙的通常位置。将点火开关由“ACC”的位置切换至“ON”的位置时，仪表盘上的数个指示灯会亮起，后熄灭。此时为第一次自检状态。
- “START”挡位：此位置仅用于启动发动机。若松开钥匙，则开关将自动回到“ON”的位置。在启动的同时，仪表盘上的数个指示灯会亮起，后熄灭。此时为第二次自检状态。

任务实施

一、仪表警告灯及室内照明灯的检查

1.仪表警告灯检查

正确启动发动机，观察所有警告灯是否同时亮起，自检后除驻车制动器指示灯之外的

所有警告灯是否熄灭，如图4-6-2所示。

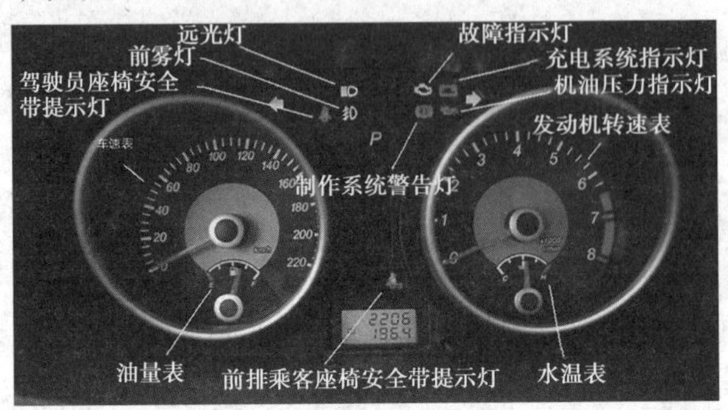

图4-6-2 仪表警告灯检查

2.室内照明灯检查

将室内照明灯开关由“OFF”位置旋至“ON”位置，观察室内照明灯点亮状况，然后将开关置于“DOOR”位置。

二、室内相关设施检查

1.汽车座椅使用状况检查

汽车座椅确保了驾乘人员的安全性和舒适性，是室内检查必不可少的一种项目。

①检查座椅调节功能是否工作正常，如图4-6-3所示。左手扳动座椅下面的调节杆，然后移动座椅。

②座椅前后的调节。调节座椅前后位置，使身体距转向盘、离合器踏板、制动踏板、加速踏板的距离适当，达到双手转动转向盘方便敏捷，两腿伸缩自如、灵活。其调整方法是：提起座椅右下方的调节手柄，解除固定装置，座椅便可前后移动，位置调整好后，松开调节手柄即可使座椅固定，如图4-6-4所示。

图4-6-3 座椅调节功能检查

图4-6-4 座椅前后调节检查

2.检查安全带的螺栓和螺母是否松动，工作是否正常

①检查安全带工作状况，如图4-6-5所示。左手拉住安全带插扣，右手按住安全带的上沿，缓缓拉出安全带，当拉出30 cm时用力一拉，此时安全带应停止，如不能停住则锁止失效。

②检查安全带螺栓和螺母，如图4-6-6所示。左手将安全带拉出，插入安全带插座固

定，然后用力拉动安全带，检查其螺栓和螺母是否松动。

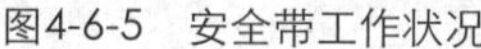
图4-6-5　安全带工作状况

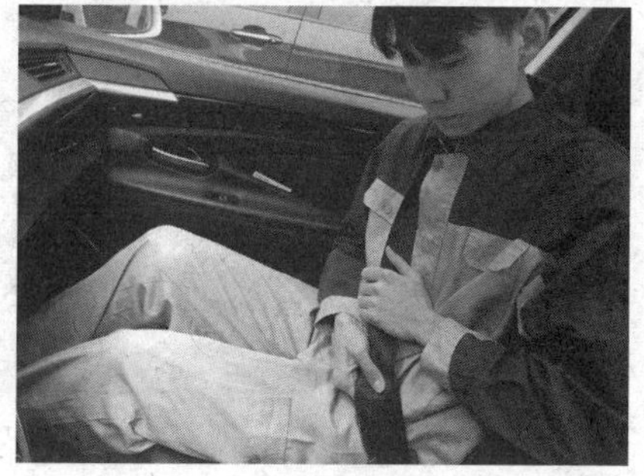

图4-6-6　安全带螺母检查

③检查安全带调节装置，检查完后归到原位，如图4-6-7所示。左手按住安全带调节按钮，往下拉动安全带调整器，检查其工作是否正常。

④检查安全带自动复位功能，如图4-6-8所示。将安全带从插座中拔出，放到原始位置，双手拉开安全带，观察是否能够顺利回到原位。

图4-6-7　安全带调节

图4-6-8　检查安全带自动复位功能

⑤按照左前、左后、右后和右前的顺序，依次检查各个车门、座椅和安全带。

三、喇叭和转向盘检查

1.喇叭检查

汽车喇叭音量及音质的检查，要求转向盘在不同位置处，都能达到良好音质性能。

（1）喇叭按钮检查

转动转向盘接近一周的同时，按动喇叭按钮，如图4–6–9所示，检查转向盘是否在各种转动位置上喇叭都能正常工作。

（2）喇叭音量、音调调节

按动喇叭按钮，检查喇叭音量、音调是否稳定。

2.转向盘检查

（1）转向盘摆动量检查

转向盘处于自由转动位置，两手握住转向盘，在轴向方向及前后、左右方向拉动转向盘，确保没有松弛和摆动，如图4–6–10所示。

图4-6-10 转向盘摆动量检查

图4-6-9 喇叭按钮检查

（2）转向盘在“ACC”位置自由转动状况检查

①将点火开关置于“OFF”位置，取下点火开关，转动转向盘，使转向盘锁死，如图4–6–11所示。

②用左手逆时针拉动转向盘，将点火开关钥匙插入，并置于“ACC”位置，沿顺时针和逆时针两个方向反复转动转向盘，确保转向盘不会被锁止，如图4–6–12所示。

图4-6-11 转向盘锁止状态检查

图4-6-12 转向盘ACC位置自由转动状况检查

任务检测

一、填空题

1.汽车点火开关共有____________个挡位。

2.点火开关“ON”挡位是____________。

二、判断题

1.汽车启动后，仪表发动机故障指示灯应该常亮。（ ）

2.安全带使用后可以自动复位。（ ）

3.汽车方向盘自由行程对汽车驾驶没有影响。（ ）

4.将点火开关钥匙插入，并置于“ACC”位置，转向盘左右旋转不会被锁止。（ ）

三、简答题

1.什么是转向盘自由行程?

2.汽车驾驶室内要检查哪些灯?

评价反思

序号	项目名称	评分细则	分值/分	得分/分
1	启动前检查	发动机舱油位、液位检查方法动作正确	5	
		启动前安全检查挡位、驻车制动器	3	
		启动发动机暖机方法正确	2	
		仪表指示灯工作情况	5	
2	仪表检查	点火开关置于“ACC”位置仪表指示灯工作情况	3	
		点火开关置于“ON”位置仪表指示灯工作情况	3	
		汽车启动后仪表指示灯工作情况	3	
3	座椅检查	座椅调节功能是否正常工作	4	
		座椅前后的调节	4	
4	安全带检查	安全带工作状况	5	
		安全带螺栓和螺母	5	
		安全带调节装置	5	
		安全带自动复位功能	4	
	喇叭检查	喇叭按钮检查	5	
		喇叭音量、音调调节	4	
5	转向盘检查	转向盘自由行程	10	
		转向盘摆动量	8	
		转向盘“ACC”位置自由转动状况	7	
6	安全文明操作	工作现场“5S”	7	
		操作文明，操作时有零件损伤	8	
总分			100	

课后反思

1.为什么要检查汽车座椅的调节功能?

2.方向盘自由行程过大对汽车有什么影响?

附 录

附录1 汽车仪表盘常见显示符号图解说明

名称	图标	说明
车门状态指示灯		显示车门是否完全关闭的指示灯，车门打开或未能关闭时，相应的指示灯亮起，提示车主车门未关好，车门关闭后熄灭
驻车指示灯		驻车制动手柄（即手刹）拉起时，此灯点亮。手刹被放下时，该指示灯自动熄灭。在有的车型上，刹车液不足时此灯会亮
电瓶指示灯		显示蓄电池工作状态的指示灯。接通电门后亮起，发动机启动后熄灭。如果不亮或长亮不灭应立即检查发电机及电路
刹车盘指示灯		显示刹车盘片磨损情况的指示灯。正常情况下此灯熄灭，点亮时提示车主应及时更换故障或磨损过度刹车片，修复后熄灭
机油指示灯		显示发动机机油压力的指示灯，本灯亮起时表示润滑系统失去压力，可能有渗漏，此时需立即停车关闭发动机进行检查
水温指示灯		显示发动机冷却液温度过高的指示灯，此灯点亮报警时，应即时停车并关闭发动机，待冷却至正常温度后再继续行驶

续表

名称	图标	说明
安全气囊指示灯		显示安全气囊工作状态的指示灯，接通电门后点亮，3~4 s后熄灭，表示系统正常，不亮或常亮表示系统存在故障
ABS指示灯		接通电门后点亮，3~4 s后熄灭，表示系统正常。不亮或长亮则表示系统故障，此时可以继续低速行驶，但应避免急刹车
发动机自检灯		发动机工作状态的指示灯，接通电门后点亮，3~4 s后熄灭，发动机正常。不亮或长亮表示发动机故障，需及时进行检修
燃油指示灯		提示燃油不足的指示灯，该灯亮起时，表示燃油即将耗尽，一般从该灯亮起到燃油耗尽之前，车辆还能行驶约50 km
清洗液指示灯		显示风挡清洗液存量的指示灯，如果清洗液即将耗尽，该灯点亮，提示车主及时添加清洗液。添加清洗液后，指示灯熄灭
电子油门指示灯		本灯多见于大众公司的车型中，车辆开始自检时，EPC灯会点亮数秒，随后熄灭，出现故障，本灯亮起，应及时进行检修
前后雾灯指示灯		该指示灯是用来显示前后雾灯的工作状况，前后雾灯接通时，两灯点亮，图中左侧的是前雾灯显示，右侧为后雾灯显示
转向指示灯		转向灯亮时，相应的转向灯按一定频率闪烁。按下双闪警示灯按键时，两灯同时亮起，转向灯熄灭后，指示灯自动熄灭

续表

名称	图标	说明
远光 指示灯		显示大灯是否处于远光状态，通常的情况下该指示灯为熄灭状态。在远光灯接通和使用远光灯瞬间点亮功能时亮起
安全带 指示灯		显示安全带状态的指示灯，按照车型不同，灯会亮起数秒进行提示，或者直到系好安全带才熄灭，有的车还会有声音提示
O/D挡 指示灯	O/D OFF	O/D挡指示灯用来显示自动挡的O/D挡(Over-Drive)超速挡的工作状态，当O/D挡指示灯闪亮，说明O/D挡已锁止
内循环 指示灯		该指示灯是用来显示车辆空调系统的工作状态，平时为熄灭状态。当打开内循环按钮，车辆关闭外循环时，该指示灯自动点亮
示宽指示灯		该指示灯是用来显示车辆示宽灯的工作状态，平时为熄灭状态，当示宽灯打开时，该指示灯随即点亮
VSC指示灯	VSC	该指示灯是用来显示车辆VSC（电子车身稳定系统）的工作状态，多出现在日系车上。当该指示灯点亮时，说明VSC系统已被关闭
TCS指示灯		该指示灯是用来显示车辆TCS(牵引力控制系统)的工作状态，多出现在日系车上。当该指示灯点亮时，说明TCS系统已被关闭

附录2 交通警告标志、禁令标志、指示标志

1.警告标志（警告车辆、行人注意危险地点的标志）

十字交叉

T形交叉

T形交叉

T形交叉

Y形交叉

环形交叉

向左急弯路

向右急弯路

反向弯路

连续弯路

上陡坡

下陡坡

两侧变窄

右侧变窄

左侧变窄

窄桥

双向交通

注意行人

注意儿童

注意牲畜

注意信号灯

注意落石

注意落石

注意横风

易滑

傍山险路

傍山险路

堤坝路

堤坝路

村庄

隧道

渡口

驼峰桥

路面不平

过水路面

有人看守铁路道口

无人看守铁路道口

注意非机动车

事故易发路段

慢行

左右绕行

左侧绕行

右侧绕行

施工

注意危险

叉形符号(表示多股铁道与道路交叉)

2.禁令标志（禁止或限制车辆、行人交通行为的标志）

禁止通行

禁止驶入

禁止机动车通行

禁止载货汽车通行

禁止三轮机动车通行

禁止大型客车通行

禁止小型客车通行

禁止汽车拖、挂车通行

禁止拖拉机通行

禁止农用运输车通行

禁止二轮摩托车通行

禁止某两种车通行

禁止非机动车通行

禁止畜力车通行

禁止人力货运三轮车通行

禁止人力客运三轮车通行

禁止人力车通行

禁止骑自行车下坡

禁止骑自行车上坡

禁止行人通行

禁止向左转弯

禁止向右转弯

禁止直行

禁止向左向右转弯

禁止直行和向左转弯

禁止直行和向右转弯

禁止掉头

禁止超车

解除禁止超车

禁止车辆临时或长时停放

禁止车辆长时停放

禁止鸣喇叭

限制宽度

限制高度

限制质量

限制轴重

限制速度

解除限制速度

停车检查

停车让行

减速让行

会车让行

3.指示标志（指示车辆、行人行进的标志）

直行

向左转弯

向右转弯

直行和向左转弯

直行和向右转弯

向左和向右转弯

靠右侧道路行驶

靠左侧道路行驶

立交直行和
左转弯行驶

立交直行和
右转弯行驶

环岛行驶

单行路
（向左或向右）

单行路
（直行）

步行

鸣喇叭

最低限速

干路先行

会车先行

人行横道

右转车道

直行车道

直行和右转
合用车道

分向行驶车道

公交线路
专用车道

机动车行驶

机动车车道

非机动车行驶

非机动车车道

允许掉头

参考文献

[1] 谭本忠.汽车维护与保养图解教程[M].北京：机械工业出版社，2008.

[2] 孔宪锋.汽车发动机构造与维修[M].北京：高等教育出版社，2007.

[3] 向志伟，范小勇，周大绕.汽车发动机构造与维修一体化教程[M].沈阳：东北大学出版社，2015.

[4] 王孝洪，罗林，周超.汽车维修基本技能[M].重庆：重庆大学出版社，2016.

[5] 于明进，于光明.汽车电气设备构造与维修[M].北京：高等教育出版社，2007.

[6] 杜瑞峰，李忠凯.汽车底盘构造与维修[M].北京：高等教育出版社，2007.